Pascal Schucker

Kreisligafußball im Blut – Athletiktraining mit Herz und Leidenschaft

Kreisligafußball
im Blut
-
Athletiktraining mit Herz und Leidenschaft

Ein Praxisnaher Kreisliga Guide für Spieler und Trainer

Pascal Schucker

Bibliografische Information der Deutschen Nationalbibliothek: Die Deutsche Nationalbibliothek verzeichnet diese Publikation in der Deutschen Nationalbibliografie; detaillierte bibliografische Daten sind im Internet über http://dnb.dnb.de abrufbar.

Verlag: BoD · Books on Demand GmbH, Überseering 33, 22297 Hamburg, bod@bod.de

Druck: Libri Plureos GmbH, Friedensallee 273, 22763 Hamburg

ISBN: 978-3-8192-3068-4

Inhaltsverzeichnis

Vorwort 7

Kapitel 1: Willkommen in der schönsten Liga der Welt 11

    1.1 Athletiktraining? In der Kreisliga? Wirklich?.........................12

    1.2 Worum geht's in diesem Buch?...13

Kapitel 2: Grundlagen der Athletik im Fußball 15

    2.1 Athletik im Fußball – Warum überhaupt?.............................15

    2.2 Die fünf wichtigsten athletischen Fähigkeiten im Fußball 16

    2.3 Warum Kreisliga-Spieler oft auf Athletiktraining verzichten –
    und warum das ein Fehler ist 20

Kapitel 3: Kondition & Ausdauertraining – Damit du nicht in der 75. Minute
nur noch den Mittelkreis bewachst 22

    3.1 Warum Ausdauertraining im Fußball?.................................22

    3.2 Welche Ausdauer brauchst du als Fußballer? 24

    Grundlagenausdauer – Dein Tank, der dich über 90 Minuten
    bringt...24

    Schnelligkeitsausdauer – Deine Fähigkeit, immer wieder Gas zu
    geben 25

    3.3 Die Realität der Kreisliga-Kondition – Warum wir uns so
    schwertun 26

    3.4 Wie du Kondition trainierst, ohne dass du dabei den Spaß
    verlierst...28

    3.5 Warum Kondition besonders für die alten Hasen wichtig ist ..29

Kapitel 4: Krafttraining für Fussballer – Damit du im Zweikampf nicht wirkst
wie ein Fähnchen im Wind 31

    4.1 Warum Krafttraining auch in der Kreisliga wichtig ist...........31

    4.2 Warum viele Kreisliga-Spieler das Krafttraining ignorieren 33

    4.3 Die wichtigsten Kraftfähigkeiten für Fußballer.....................34

    4.4 Wie du Kraft aufbaust, ohne ins Fitnessstudio zu müssen 36

    4.5 Fazit – Wer stark ist, spielt besser und bleibt länger im Spiel 38

Kapitel 5: Schnelligkeit & Explosivität – Damit du beim Antritt nicht hinterherrennst 40

5.1   Warum Schnelligkeit & Explosivität im Kreisliga-Fußball so wichtig sind 41

5.2   Wie du Schnelligkeit und Explosivität trainierst 42

5.3 Persönliche Anekdoten und der Kreisliga-Charme 45

5.4 Fazit – Schnelligkeit und Explosivität als dein Turbo im Spiel. 47

Kapitel 6: Beweglichkeit & Verletzungsprävention – Damit du auf dem Platz geschmeidig bleibst und nicht zum Liegestuhl wirst 49

6.1 Warum Beweglichkeit und Verletzungsprävention im Kreisliga-Fußball so wichtig sind 49

6.2 Beweglichkeit im Fußball – Mehr als nur Dehnen 51

6.3 Verletzungsprävention im Kreisliga-Alltag 53

6.4 Trainingsmethoden für bessere Beweglichkeit und Prävention 55

6.5 Persönliche Anekdoten und der Kreisliga-Charme 57

6.6 Fazit – Bleib flexibel, bleib verletzungsfrei, bleib im Spiel 58

Kapitel 7: Verletzungen im Kreisliga-Fussball & ihre Behandlung – Wie du dich von Schlachten erholst und wieder aufstehst 61

7.1 Unvermeidlichkeit von Verletzungen im Kreisliga Fußball 61

7.2 Häufige Verletzungen – Ein detaillierter Überblick 63

7.3 Erstversorgung auf dem Platz – P.E.C.H. und der kühle Kopf 65

7.4 Die Rehabilitation – Der lange Weg zurück ins Spiel 67

7.5 Wann ist ein Arztbesuch notwendig? 69

7.6 Persönliche Anekdoten und der unverwechselbare Kreisliga-Charme 70

7.7 Fazit – Verletzungen gehören dazu: Wie du dich erholst, ohne den Kampfgeist zu verlieren 72

Kapitel 8: Regeneration & Ernährung – Wie du deinen Körper auch zwischen den Spielen in Höchstform bringst 74

8.1 Warum Regeneration der Schlüssel zum Erfolg ist 75

8.2 Effektive Regenerationsmethoden im Kreisliga-Alltag 76

8.3 Ernährung – Der Treibstoff für deinen Kreisliga-Körper 78

8.4 Persönliche Anekdoten und der herzliche Kreisliga-Charme ... 81

8.5 Fazit – Regeneration und Ernährung: Deine treuen Begleiter im Kreisliga-Kampf 82

Kapitel 9: Mentale Stärke & Motivation – Der unsichtbare Motor deines Kreisliga-Erfolgs 84

9.1 Warum mentale Stärke im Kreisliga-Fußball so wichtig ist 84

9.2 Techniken und Methoden zur Steigerung der mentalen Stärke 85

9.3 Mentale Vorbereitung vor dem Spiel – Rituale und Routinen . 87

9.4 Umgang mit Niederlagen und Rückschlägen 88

9.5 Teamgeist und Motivation – Der Zusammenhalt im Kreisliga-Kader 89

9.6 Persönliche Anekdoten und der unverwechselbare Kreisliga-Charme 90

9.7 Fazit – Mit mentaler Brillanz zum Erfolg 91

Kapitel 10: Spieltaktik & Teamstrategie – Dein Schlachtplan für den Kreisliga-Kampf 93

10.1 Warum Spieltaktik im Kreisliga so wichtig ist 93

10.2 Grundlagen der Kreisliga-Taktik 95

10.3 Teamkommunikation und Zusammenhalt 97

10.4 Individuelle Freiheit vs. kollektiver Schlachtplan 98

10.5 Der Einfluss des Trainers und die Rolle der 100

Führung 100

10.6 Persönliche Anekdoten und der unverwechselbare Kreisliga-Charme 101

10.7 Fazit – Mit kluger Taktik und Teamgeist zum Sieg 102

Kapitel 11: Technik & individuelle Fähigkeiten – Der Feinschliff deines Spiels
.... 105

11.1 Warum Technik im Kreisliga-Fußball ein Schlüssel ist 106

11.2 Grundlagen der fußballspezifischen Technik 107

11.3 Individuelle Trainingsmethoden für technische Perfektion . 110

11.4 Integration von Techniktraining in den Kreisliga-Alltag 112

11.5 Persönliche Anekdoten und der unverwechselbare Kreisliga-Charme 114

11.6 Fazit – Mit Technik und Kreativität über dich hinauswachsen
.... 115

Kapitel 12: Langfristiger Erfolg und Nachhaltigkeit im Kreisliga-Fußball – Wie du aus Leidenschaft ein Leben machst 117

12.1 Die Bedeutung von Kontinuität und Leidenschaft 117

12.2 Integration aller Trainingsbereiche - Die Symphonie deines Erfolgs 119

12.3 Teamgeist und persönliche Entwicklung – Das Fundament für eine nachhaltige Karriere 120

12.4 Praxisbeispiele und der Kreisliga-Alltag 122

12.5 Ausblick – Wie du aus der Kreisliga-DNA ein 124

Leben machst 124

12.6 Fazit – Aus Leidenschaft wird nachhaltiger Erfolg 126

Kapitel 13: Dein ultimatives Trainingsprogramm – Übungen für alle athletischen Bereiche 128

13.1 Schnelligkeit – Explosiv starten, maximal beschleunigen, Kreisliga-Sprinter werden 128

13.2 Ausdauer – Damit du nicht schon nach 20 Minuten die Hände auf die Knie stützt 132

13.3 Koordination – Damit du dich nicht selbst ins Stolpern bringst
.... 134

13.4 Kraft – Damit du nicht bei jeder Grätsche durch die Gegend fliegst 137

13.5 Kraftausdauer – Damit du auch nach 90 Minuten noch Power hast 140

13.6 Mobilität – Beweglich bleiben, nicht wie ein rostiger Traktor enden 143

13.7 Dehnen – Damit du nach dem Spiel nicht steif wie eine Parkbank bist 146

13.8 Fazit – Dein athletisches Gesamtkonzept 149

Kapitel 14: Saisonvorbereitung und Athletikaufbau von Juli bis November 151

Phase 1 – Vorbereitung (Juli bis Mitte August) 152

Woche 1–2: Grundlagen schaffen – Den Motor sanft anwerfen 152

Woche 3–4: Intensität steigern – Dampfhammer-Modus: Jetzt brennt's wirklich 155

Woche 5–6: Wettkampfmodus – Endspurt in den letzten Vorbereitungswochen 158

Phase 2 – Vorrunde (Mitte August bis Ende November) 161

14.1 Fazit – Deine optimale Saisonplanung 164

14.2 Die fußballfreie Zeit – Erholung, aktive Regeneration und leise Vorbereitung 165

14.3 Empfohlene Trainingsübungen für die fußballfreie Zeit 167

14.4. Zusammenfassung der Empfehlungen in der fußballfreien Phase 170

Phase 3: Vorbereitung auf die Rückrunde (Februar bis Mitte März) 171

14.5 Empfohlene Athletikübungen für Phase 3 (mit winterlichen Bedingungen): 173

Phase 4 während der Rückrunde (Mitte März bis Anfang Juni) .. 176

14.6. Fazit – Mit Schweiß, Köpfchen und Kälte in die Rückrunde178

Phase 5: Extra Time – Den Endspurt in der Relegation meistern179

14.7 Herausforderungen in der Extra Time: 180

14.8 Strategie in der Extra Time – Mit Köpfchen, Sonne und
Kreisliga-Herz 180

14.9 Empfohlene Extra-Time-Athletikübungen 182

14.10 Fazit – Mit Köpfchen, Sonne und eine unerschütterlichen
Kreisliga-Herz in die Extra Time.. 185

15 Glossar... 187

Danksagung 200

Anhang 203

Pascal Schucker – Fußballer, Athletiktrainer, Ausdauersportler und
Speaker.. 203

Liebe Leserinnen und Leser,

wenn ich an die frühen Abendstunden denke, in denen ich – oft verschlafen und müde aber auch mit einem breiten Grinsen im Gesicht – in meine alte Kaiser 5 Fußballschuhe schlüpfte, erfüllt mich das mit einer warmen Nostalgie. Es war nie einfach: Das grelle Licht des Tages mischte sich mit dem leisen Knistern des Rasenbelags, der wirkte, als hätte er in den letzten Jahren mehr Geschichten erlebt als so mancher Profi. Genau diese Momente, in denen selbst der erste Atemzug vor dem Spiel mit kalter Morgenluft ankommt, bilden den Herzschlag unserer Kreisliga-Welt – und genau darum geht es in diesem Buch.

Ich kann mich noch gut an jene frostigen Trainingsmorgen erinnern, an denen ich mit steifen Gelenken und einer Mischung aus Freude und Überwindung das Vereinsgelände betrat. Zwischen dem schlurfenden Gang über den nassen Rasen und den scherzhaften Neckereien mit den Teamkameraden entstand etwas, das weit über das bloße „Fußballspielen" hinausging: Es entstand ein Gefühl der Zusammengehörigkeit, eine Art familiärer Rückhalt, der uns durch jeden noch so suboptimalen Spieltag trug. Es waren diese unzähligen kleinen

Rückschläge und triumphalen Momente – vom missglückten Elfmeter, bei dem der Ball in einem eleganten Bogen weit über das Tor flog, bis zu den legendären Kabinenansprachen, die uns mit Tränen in den Augen und Lachkrämpfen zugleich zurückließen – die unseren Weg geprägt haben.

In diesem Buch geht es nicht nur um Trainingspläne, Technik oder Taktik – es geht um das, was uns alle im Herzen antreibt: die pure Leidenschaft für den Fußball. Ich schreibe dieses Buch für jeden, der mit mir einmal auf den staubigen Plätzen stand, für jeden, der den ungeschliffenen Charme des Amateurfußballs nie missen möchte. Es sind die Geschichten aus den hitzigen Kabinendiskussionen, die Anekdoten von verpatzten Pässen ins Nirgendwo und verschossenen Elfmetern, aber auch das leise, unbeirrbare Drängen, immer wieder aufzustehen und weiterzukämpfen, das hier seinen Platz findet.

Die Kreisliga lehrte mich, dass jeder Fehler, jede Panne und jeder peinliche Moment – so schmerzhaft er im Augenblick auch sein mag – zu einer persönlichen Erfolgs- und Wachstumsgeschichte wird, wenn man den Humor nicht verliert und den Kopf hochhält. Es waren die gemeinsamen Abende im Vereinsheim, an denen wir mit einem kühlen Bier und einem Asbach Cola beim Würfeln auf die wilden Aktionen des Tages anstießen, die mir gezeigt haben, dass der Fußball uns nicht nur als Sport, sondern als Lebensphilosophie verbindet.

Ich möchte dich einladen, in diese Geschichten einzutauchen – die schweißtreibenden Trainingseinheiten, die kuriosen Spielzüge, die Zerstreuungen auf dem unperfekten Rasen und das unerschütterliche Miteinander in der Kabine. Dieses Buch ist mein persönliches Tribut an den Amateurfußball, an jene Tage, an denen wir trotz aller Widrigkeiten mit Herzblut, Humor und dem unerschütterlichen Glauben an uns selbst immer wieder aufs Neue den Ball ins Rollen brachten.

Möge jede Seite dich daran erinnern, dass dein Weg – so steinig er manchmal auch sein mag – von Leidenschaft, Hingabe und unvergesslichen Momenten geprägt wird. Lass uns gemeinsam in die Welt eintauchen, in der jeder verschossene Elfmeter, jede chaotische Kabinenansprache und jeder verpatzte Pass ein Kapitel in der großen Geschichte eines Spiels und eines Lebens schreibt.

Kreisliga-Fußball – das ist nicht nur eine Liga, das ist eine Lebenseinstellung. Wer hier spielt, weiß: Manchmal gewinnt man, manchmal verliert man – und manchmal ist der Platz so holprig, dass selbst der Ball keine Ahnung hat, wohin er als Nächstes springt. Aber eines steht fest: Die Kreisliga ist die ehrlichste Liga, die es gibt. Hier geht es nicht um Millionenverträge, sondern um echte Leidenschaft.

Dieses Buch richtet sich an alle, die den **echten Fußball** lieben. An die jungen Wilden, die gerade frisch von der A-Jugend in die Herrenmannschaft kommen und beim ersten Training merken, dass die **40-jährigen Routiniers** vielleicht langsam laufen, aber jeden Zweikampf mit einer Meisterklasse in Körperbeherrschung gewinnen. Es ist für die alten Haudegen, die nach jedem Spiel mit ihren Teamkollegen die **dritte Halbzeit** einläuten und stolz auf jedes Jahr Kreisliga-Erfahrung zurückblicken. Und natürlich auch für die Trainer, die Woche für Woche versuchen, aus einem Haufen Individualisten ein funktionierendes Team zu formen – und nebenbei noch erklären müssen, warum man sich vor dem Spiel nicht mit Currywurst und Pommes vollstopfen sollte.

1.1 Athletiktraining? In der Kreisliga? Wirklich?

Nun ja – ehrlich gesagt denkt im Amateurfußball kaum jemand daran, Athletiktraining gezielt ins Programm zu nehmen. Schließlich besteht das typische Training meist aus Torschüssen, Zweikämpfen und taktischen Diskussionen, die spätestens nach dem dritten Bier ihre wissenschaftliche Grundlage verlieren. Wenn dann noch Fitnessübungen auf dem Trainingsplan stehen, hört man schnell Sätze wie: **„Kondition? Die hole ich mir am Spieltag!" „Laufen? Habt ihr euch mal den Platz angeschaut?" „Sprinttraining? Ich bin eher Typ Schweinsteiger – Übersicht statt Tempo."**

Aber die Wahrheit ist: **Athletik macht den Unterschied**. Wer fit ist, hält länger durch, gewinnt mehr Zweikämpfe und ist nach einem Sonntags-Spiel nicht erst am Donnerstag wieder vollständig bewegungsfähig. Ein bisschen Kraft, ein bisschen Schnelligkeit, ein bisschen Stabilität – und schon spielt sich das Fußballleben deutlich angenehmer.

1.2 Worum geht's in diesem Buch?

Hier geht's nicht darum, euch zu Hochleistungsathleten zu machen. Niemand soll nach der Lektüre direkt in die Bundesliga wechseln. Stattdessen gibt es **praxisnahe Tipps für die Kreisliga**, die wirklich umsetzbar sind – ohne Fitnessstudio-Abo, ohne komplizierte Trainingsgeräte und ohne das Gefühl, dass man danach direkt für Olympia qualifiziert werden könnte.

Wir sprechen über:

Kondition und Kraft – damit ihr nicht in der zweiten Halbzeit nach Luft schnappt wie ein Fisch auf dem Trockenen.

Schnelligkeit und Explosivität – damit der 40-jährige Verteidiger nicht immer zuerst am Ball ist.

Beweglichkeit und Verletzungsprävention – damit der nächste Grätschen-Klassiker nicht mit sechs Wochen Pause endet.

Regeneration und Ernährung – weil man nicht jedes Mal am Montagmorgen mit Muskelkater ins Büro humpeln sollte.

Trainingsplanung für Kreisliga-Teams – denn eine gute Einheit macht auch in der Kreisliga den Unterschied.

Mentale Stärke und Motivation – weil manchmal die schwierigste Herausforderung ist, nach einer 0:5-Klatsche nicht alles hinzuschmeißen.

Anekdoten aus der Kreisliga – denn am Ende geht's nicht nur ums Gewinnen, sondern auch um die besten Geschichten aus dem Amateurfußball.

Ob du Trainer, Spieler oder Kreisliga-Philosoph bist – dieses Buch soll dir helfen, ein bisschen fitter, ein bisschen stabiler und vielleicht auch ein bisschen schlauer zu werden. Denn Fußball in der Kreisliga ist nicht immer schön, aber immer ehrlich. Und genau darum lieben wir ihn.

In diesem Sinne: **Auf eine verletzungsfreie Saison – und darauf, dass die dritte Halbzeit mindestens genauso stark ist wie die ersten zwei!**

2.1 Athletik im Fußball – Warum überhaupt?

Fußball ist ein Spiel der Technik, Taktik und ja – der Athletik. Klar, die Kreisliga ist nicht die Champions League, aber das heißt nicht, dass man sich mit der Fitness völlig verabschieden sollte. Denn seien wir ehrlich: Wer nach 30 Minuten keuchend am Mittelkreis steht, ist nicht gerade der Mannschaftsheld, den man sich vorstellt.

Athletiktraining wird oft mit Profifußball in Verbindung gebracht. Da sieht man durchtrainierte Spieler, die ihre 100 Meter in unter 11 Sekunden rennen, nach einem Zweikampf nicht mal wackeln und gefühlt ewig durchhalten. In der Kreisliga sieht das anders aus – hier gibt's nach einem intensiven Zweikampf manchmal erstmal fünf Minuten Standfußball, damit sich Puls und Lungenflügel wieder beruhigen.

Aber genau darum geht's: **Wer athletisch fit ist, hat länger was vom Spiel, gewinnt mehr Zweikämpfe, bleibt verletzungsfrei und kann auch in der 90. Minute noch einen Sprint anziehen.**

Also, Schluss mit dem ewigen „Ach, Kondition hole ich mir am Spieltag!" – wir schauen uns an, **welche körperlichen Fähigkeiten wirklich zählen** und wie man sie gezielt verbessern kann, ohne zum Fitnessstudio-Stammgast zu werden.

2.2 Die fünf wichtigsten athletischen Fähigkeiten im Fußball

Jeder Fußballer sollte eine gewisse Grundfitness haben. Nein, du musst kein Marathonläufer sein, aber wenn du nach jedem Sprint erstmal Luft schnappst wie ein Fisch auf dem Trockenen, wird's schwierig. Also schauen wir uns die **wichtigsten athletischen Fähigkeiten** an:

Ausdauer – Damit du auch nach der Halbzeit noch läufst und nicht nur existierst

Fußball besteht nicht nur aus Einzelaktionen, sondern aus **ständigem Bewegen**. Vor allem für Kreisliga-Spieler, die sich manchmal zwischen Arbeit, Familie und Training durchkämpfen, ist eine gute Grundlagenausdauer Gold wert.

Übungen:

- Intervallläufe (kurze Belastung, dann Pause – perfekt für Fußballer!)
- Spielformen mit hohem Tempo (kleines Feld, schneller Ballfluss)
- **Achtung:** Dauerlauf ohne Richtungswechsel bringt dir nix, außer Langeweile!

Kraft – Weil du keine Fahnenstange sein willst

Kreisliga-Fußball heißt oft: robuste Zweikämpfe, ein bisschen Körperkontakt und gelegentlich eine legendäre Grätsche. Wer stark ist, setzt sich durch, gewinnt Bälle und bleibt stabil – selbst wenn der Gegner meint, er könne dich einfach „wegschieben".

Übungen:

- Kniebeugen und Sprungkrafttraining – für mehr Druck im Zweikampf
- Core-Training (Rumpfstabilität) – damit du nicht einfach umfällst
- Liegestütze – weil Trainer immer sagen „Mach dich breit!"

Schnelligkeit – Damit du nicht immer nur hinterherläufst

Das Leben eines langsamen Fußballers ist hart. Es fühlt sich an, als wäre jeder Ball **immer einen Schritt zu weit entfernt**. Wer schnell ist, entscheidet Spiele – sei es mit explosiven Sprints, schnellen Richtungswechseln oder purem Antritt.

Übungen:

- Sprinttraining mit kurzen Distanzen – weil Kreisliga keine Leichtathletik ist
- Reaktionsübungen – damit du **schneller startest als der Gegner**
- Richtungswechsel unter Belastung – nicht nur geradeaus rennen!

Beweglichkeit – Weil steife Fußballer schlechte Fußballer sind

Ein unbeweglicher Fußballer sieht aus wie ein schlecht animierter Videospiel-Charakter – stockend, unbeholfen und mit der Eleganz eines LKWs in der Kurve. Beweglichkeit hilft bei Drehungen, Wendungen und vermeidet Verletzungen.

Übungen:

- Dynamisches Dehnen vor dem Training – weil statisches Dehnen allein nix bringt
- Mobilitätstraining für Hüfte und Sprunggelenk – schont die Knochen
- Rotationstraining – damit du auch eng im Raum noch spielbar bist

Koordination – Damit du nicht dein eigener Feind bist

Koordination bedeutet: Dein Körper macht, was du willst – nicht umgekehrt. Wer gut koordiniert ist, kann seine Bewegung effizient steuern und macht weniger Fehler.

Übungen:

- Schnelle Richtungswechsel mit Ball – weil die Kreisliga nicht immer Platz für lange Läufe bietet
- Sprung-Sequenzen – damit du nicht wie ein Backstein landest
- Techniktraining unter Druck – Ballkontrolle mit Blick auf die Umgebung

2.3 Warum Kreisliga-Spieler oft auf Athletiktraining verzichten – und warum das ein Fehler ist

Seien wir ehrlich: **Viele Kreisliga-Spieler trainieren ihre Athletik genau einmal pro Woche – am Spieltag.** Das typische Szenario sieht so aus: Der Gegner hat mehr Luft, mehr Kraft und mehr Tempo – aber man hofft einfach, dass man mit purem Fußballtalent irgendwie durchkommt.

Spoiler: Talent allein rettet dich nicht.

Athletiktraining in der Kreisliga wird oft ignoriert, weil man denkt:

- **„Ich brauche das nicht, ich spiele auf Erfahrung!"**
- **„Fitness kostet zu viel Zeit!"**
- **„Ich bin Kreisliga – keine Bundesliga!"**

Aber hier die Wahrheit: **Athletiktraining kann simpel und effizient sein.** Schon **15 bis 30 Minuten** gezieltes Training pro Woche machen einen riesigen Unterschied. Es geht nicht darum, Hochleistungssport zu betreiben, sondern **darum, sich einen Vorteil auf dem Platz zu verschaffen**.

Also: Wer sich **mit ein paar simplen Übungen verbessern will**, wird mehr Spaß auf dem Platz haben. Weniger keuchen. Mehr laufen. Mehr gewinnen. Klingt nach einem fairen Deal, oder?

KAPITEL 3: KONDITION & AUSDAUERTRAINING – DAMIT DU NICHT IN DER 75. MINUTE NUR NOCH DEN MITTELKREIS BEWACHST

3.1 Warum Ausdauertraining im Fußball?

Jeder kennt sie: Die Spieler, die nach fünf Minuten Vollgas schon den Puls eines Marathonläufers nach 40 Kilometern haben. Die Jungs, die sich am Anfang des Spiels überall anbieten, aber zur zweiten Halbzeit lieber hinten stehen bleiben. Die Kreisliga-Legenden, die zu Beginn noch großspurig sagen **„Heute bin ich überall auf dem Platz!"**, aber irgendwann feststellen, dass ihre Beine den Dienst quittieren.

Willkommen in der Realität: Fußball ist ein Spiel mit ständig wechselnden Belastungen. Kein reines Joggen, kein reines Sprinten, sondern eine Mischung aus **explosiven Aktionen, kurzen Pausen und plötzlichen Tempowechseln**. Wer sich nur auf seine Technik verlässt, wird spätestens nach der ersten Halbzeit merken, dass Ballgefühl allein nicht reicht, wenn die Lunge rebelliert.

Und genau da kommt die **Ausdauer** ins Spiel.

Jetzt könnte man sagen: „Ja gut, ich trainiere einfach Kondition, dann ist alles gut." Aber halt – Fußball braucht **nicht einfach nur Kondition**, sondern die **richtige Art von Ausdauer**. Langweiliges Joggen bringt dir nicht viel, wenn du im Spiel stattdessen immer wieder Sprints ziehen musst. Was du brauchst, ist ein **fußballspezifisches Konditionstraining**, das genau auf die Belastungen zugeschnitten ist.

Lass mich eine ehrliche Frage stellen: Wann hast du das letzte Mal wirklich bewusst deine Ausdauer trainiert? Nicht nur „mal ein paar lockere Runden gedreht", sondern **gezielt daran gearbeitet, dass du auch in der 85. Minute noch explosiv sein kannst**?

Falls du jetzt überlegen musst, dann ist dieses Kapitel genau für dich.

3.2 Welche Ausdauer brauchst du als Fußballer?

Fußballer brauchen zwei zentrale Konditionsarten:

Grundlagenausdauer – Dein Tank, der dich über 90 Minuten bringt

Jeder, der schon mal ein Spiel mit kompletter Atemnot gespielt hat, weiß, wie wichtig eine gute Kondition ist. Die **Grundlagenausdauer (GA1)** sorgt dafür, dass dein Körper Sauerstoff effizient nutzt und du länger durchhältst. Heißt: Weniger Erschöpfung, bessere Regeneration, mehr Stabilität.

Mit einer guten Grundlagenausdauer kannst du auch in der zweiten Halbzeit noch mitdenken, anstatt einfach nur zu funktionieren. Weil genau dann – wenn alle müde werden – der **entscheidende Unterschied** entsteht.

Wie trainierst du sie?

- **Langstreckenläufe, aber in einem sinnvollen Maß.** Niemand braucht 10 Kilometer Dauerlauf – 20–30 Minuten lockeres Laufen bringen dir mehr.

- **Spielformen mit mittlerer Intensität**, die nicht durchgehend Vollgas sind, aber dich trotzdem fordern.
- **Radfahren oder Schwimmen** als alternative Belastung, wenn du neben dem Fußball noch etwas tun willst, aber deine Gelenke schonen möchtest.

Schnelligkeitsausdauer – Deine Fähigkeit, immer wieder Gas zu geben

Ein Fußballspiel besteht nicht aus gleichmäßigen Bewegungen, sondern aus **explosiven Sprints, Richtungswechseln und kurzen Erholungsphasen**. Die **Schnelligkeitsausdauer (SA)** ist das, was dich befähigt, in der 80. Minute noch den entscheidenden Sprint zu setzen, statt langsam auszutrudeln.

Denn was bringt es, wenn du nach der ersten Halbzeit noch locker bist, aber in der zweiten Halbzeit **bei jedem Sprint nur noch resigniert hinterherläufst**?

Wie trainierst du sie?

- **Intervall-Sprints** – 30 Sekunden Vollgas, 30 Sekunden locker, wiederholen!
- **Tempowechsel-Übungen**, bei denen du zwischen Sprint, lockerem Laufen und kurzen Pausen wechselst.
- **Spielformen mit hohem Tempo**, die deine Schnelligkeitsausdauer automatisch mit trainieren.

Kurz gesagt: Wer nur gemütlich joggt, kann vielleicht lange laufen – aber nicht schnell und effektiv. Und wer nur Sprint trainiert, hat am Anfang Power, fällt aber später ins Bodenlose.

3.3 Die Realität der Kreisliga-Kondition – Warum wir uns so schwertun

Hier kommt eine unbequeme Wahrheit: **Keiner in der Kreisliga macht freiwillig Konditionstraining.**

Ein typisches Gespräch geht so: **Trainer:** „Heute machen wir ein paar Laufübungen." **Mannschaft:** „Och nöööö, können wir nicht gleich spielen?" **Trainer:** „Ihr braucht Kondition, Jungs!"

Mannschaft: „Aber Kreisliga ist doch Erfahrungssache…"

Genau hier liegt das Problem. Wir **wissen**, dass Ausdauer wichtig ist, aber wir schieben sie gern zur Seite. Weil sie anstrengend ist. Weil sie kein direktes Erfolgserlebnis liefert. Weil niemand sagt: „Geiles Spiel, du hast heute super Luft geholt!"

Aber genau da müssen wir umdenken. **Wer läuft, gewinnt.**

Nicht immer. Aber oft.

Ich kann mich an ein Spiel erinnern, in dem wir 1:2 hinten lagen, letzter Konter des Gegners. Unser Verteidiger – komplett platt, keine Chance mehr auf einen Sprint – wurde einfach überlaufen. **1:3. Feierabend.**

Hätte er noch Luft gehabt, hätte er das Tempo mitgehen und vielleicht den Ball nochmal zum Gegenangriff einleiten können. **Kondition entscheidet Spiele**, ob wir es mögen oder nicht.

3.4 Wie du Kondition trainierst, ohne dass du dabei den Spaß verlierst

Okay, du weißt jetzt, dass du was für deine Ausdauer tun musst. Aber niemand hat Lust auf **langweilige Dauerläufe**. Deshalb: **Mach es sinnvoll!**

1. Spielformen statt stupides Laufen

- Spiele mit **hohem Ballbesitzanteil**, aber schnellen Aktionen.
- **„Powerplay": 4 gegen 3 mit 60 Sekunden Vollgas, 20-30 Sekunden akitve Erholung.**
- **Kleinfeld-Matches (2g2 bis 4g4)**, bei denen jeder ständig in Bewegung ist.

2. Intervall-Training für echte Fußball-Fitness

- **4x 200 Meter mit 90 Sekunden Pause –** optimales Belastungs-Erholungsverhältnis.
- **8x 50 Meter Vollsprint mit 30 Sekunden Pause** – perfekt für explosive Antritte.
- **Burpee-Sprints** – 10 Burpees, dann 30 Meter Sprint. Schmerzhaft, aber gut.

3. Kleine Einheiten statt große Qualen

- **10–15 Minuten Konditionsdrills im Training reichen oft aus** – es muss kein Marathon sein.
- **Kombiniere Techniktraining mit Fitness**, damit es sich wie Fußball anfühlt.
- **Regeneration nicht vergessen!** Nach hartem Training brauchst du gute Erholung.
-

3.5 Warum Kondition besonders für die alten Hasen wichtig ist

Du bist Ü30 und denkst: „Ach, Erfahrung macht den Unterschied, nicht meine Luft." Sorry, aber: **Falsch gedacht.**

Denn:

- **Wer mehr Luft hat, kann länger clever spielen.**
- **Wer fit ist, reduziert Verletzungsrisiken massiv.**
- **Wer auch in der 85. Minute noch sprinten kann, macht den Unterschied.**

Also, Freunde der Kreisliga-Kultur: **Macht was für eure Kondition. Ihr werdet es euch selbst danken.**

Und wer weiß – vielleicht schießt ihr genau dann das Siegtor, weil ihr in der letzten Minute noch einen Sprint setzen könnt.

KAPITEL 4: KRAFTTRAINING FÜR FUSSBALLER –
DAMIT DU IM ZWEIKAMPF NICHT WIRKST WIE EIN
FÄHNCHEN IM WIND

Ich erinnere mich noch gut an die Zeit, als ich selbst in der Kreisliga und auch Landesliga spielte. Es war immer diese eine Begegnung, wenn der Gegner im Zweikampf nicht nur mit Technik, sondern auch mit purem Körperkontakt antrat. Da konnte es passieren, dass man – obwohl man sich auf seinen Ballbesitz verließ – plötzlich von einem starken Schulterstoß überrascht wurde, der einem den Boden unter den Füßen wegzog. Mit meinen 1,70m kam das durchaus vor. Genau in diesen Momenten merkt man, dass es nicht nur um Dribbling oder Pässe geht, sondern um die Gesamtkonstellation aus Technik, Taktik und vor allem **Stabilität**. Und genau diese Stabilität erreicht man durch ein gezieltes Krafttraining.

4.1 Warum Krafttraining auch in der Kreisliga wichtig ist

In der Kreisliga zählt jeder Zweikampf. Es gibt keine hochmodernen Trainingseinrichtungen, in denen jeder Spieler alle wissenschaftlichen Methoden nutzen kann. Stattdessen ist hier die Unmittelbarkeit der Begegnung entscheidend – und wer da nicht kräftig genug ist, wird frühzeitig in den Hintergrund gedrängt. Es gibt diesen Mythos, dass man als Kreisliga-Spieler allein mit Technik und Spielintelligenz auskommt. Doch schon nach ein oder zwei starken Körperkontakten merkt man, dass ohne eine gewisse Körperkraft oft nichts mehr geht.

Ich erinnere mich an ein Spiel, in dem unser Innenverteidiger sich gegen einen richtig stämmigen Stürmer wehrte. Ohne Krafttraining war er nämlich von der ersten Berührung an einfach überrumpelt – eine Szene, die sich mir ins Gedächtnis eingebrannt hat. Wir hatten danach Stunden im Vereinsheim gesammelt, während sich alle darüber unterhielten, wie sehr „der Gegner körperlich überragend" gewesen sei. „Die sind doch gezüchtet" hört man da immer wieder an der ein oder anderen Stelle. Nur wenn man selbst an der nötigen Stabilität arbeitet, kann man solchen Situationen gelassen entgegensehen und selbstbewusst agieren.

Natürlich geht es beim Krafttraining nicht darum, dass man wie ein Bodybuilder aussehen muss. Es geht rein um **funktionelle Stärke** – um eine Art körperliche Resilienz, die es dir ermöglicht, im Spiel stabil und effektiv zu agieren. Gerade in der Kreisliga, wo Kontakte zum Alltag gehören, ist diese Eigenschaft Gold wert.

4.2 Warum viele Kreisliga-Spieler das Krafttraining ignorieren

Die meisten von uns wissen genau, dass Krafttraining wichtig ist – und dennoch schieben viele es aufs nächste Mal. Ich kenne die drei Typen, die in der Kreisliga gern anzutreffen sind:

- **Der Fitness-Junkie**: Der Typ, der regelmäßig ins Fitnessstudio geht, seine Trainingsfortschritte auf Instagram prangert und immer einen Proteinshake in der Tasche hat. Obwohl er äußerlich beeindruckt, fehlt ihm oft der fußballspezifische Bezug – die Kraft, die wirklich im Zweikampf zählt.
- **Der „Ich brauche das nicht"-Typ**: Er ist überzeugt, dass Technik und Erfahrung jeden physischen Nachteil kompensieren. Dann kommt aber der Moment im Spiel, in dem ein harter Körperkontakt alles zunichtemacht – und plötzlich merkt er, dass ihm die nötige Stabilität fehlt.
- **Der „Ich fang nächste Woche an"-Typ**: Immer schön gute Absichten, die aber nie umgesetzt werden, weil sich im Alltag immer etwas dazwischenschiebt. Er redet häufig davon, er wolle stärker werden – aber der Zorn auf den Wind, der ihm das Training

vorenthält, ist stärker als jeder Anlauf ins Fitnessstudio.

Das Ergebnis ist immer das gleiche: Wer das Krafttraining vernachlässigt, bezahlt bald im Spiel seinen Preis. Ein stabiler Körper hilft dabei, Verletzungen vorzubeugen, Zweikämpfe zu dominieren und selbst in späten Spielminuten noch effektiv mitzuspielen.

4.3 Die wichtigsten Kraftfähigkeiten für Fußballer

Schauen wir uns einmal an, was es eigentlich heißt, „stark" zu sein – und warum das für den Fußball unerlässlich ist. Es geht im Prinzip um vier zentrale Aspekte:

Maximalkraft bedeutet, dass du in einer einzigen Bewegung all deine Kraft mobilisieren kannst. Stell dir vor, du bist ein Verteidiger und musst in einem entscheidenden Moment den Gegner aufhalten, bevor dieser Richtung Tor abdrückt. Hier kommt es nicht nur auf Schnelligkeit an, sondern auch darauf, dass du genug Kraft besitzt, um dich aus der Position zu behaupten. Trainiere dafür einfache, aber effektive Übungen wie Kniebeugen oder Kreuzheben – Übungen, bei denen du dein Körpergewicht und, wenn möglich, zusätzliches Gewicht sinnvoll einsetzt.

Schnellkraft beschreibt die Fähigkeit, in kürzester Zeit so viel Kraft zu entwickeln, dass dein Körper fast wie eine Mechanik reagiert – explosiv und blitzschnell. Wir reden hier von jenen Momenten, in denen du in einem Sprintumschalten sofort loslegen musst. Plyometrische Übungen und Sprungtraining sind hier deine Freunde. Es ist diese Fähigkeit, die dir im entscheidenden Sprint den Vorsprung verschafft und in Situationen mit hohem Druck im Spiel den Unterschied macht.

Kraftausdauer Wer sich nur auf Maximalkraft und Schnellkraft verlässt, mag in einem Moment stark aussehen, doch was bringt dir das, wenn du nach 30 Minuten nicht mehr mithalten kannst? Kraftausdauer ist die Fähigkeit, auch über **lange Spielphasen hinweg** immer wieder kraftvolle Leistungen zu zeigen. Denk an die vielen Zweikämpfe eines Spiels, in denen du immer wieder deine Stabilität unter Beweis stellen musst – genau hier zeigt sich, ob deine Kraft auch nach intensiver Belastung noch verfügbar ist. Zirkeltraining und Übungen mit hoher Wiederholungszahl sind ideal, um diese Komponente zu fördern.

Rumpfstabilität Nicht selten wird unterschätzt, wie wichtig ein starker Core ist. Dein Rumpf ist quasi die Zentrale deines Körpers – hält er nicht stand, verlieren auch deine Beine und Arme an Effektivität. Wer hier eine stabile Basis hat, bleibt auch in hektischen Spielsituationen widerstandsfähig. Übungen wie Planks, seitliche Rumpfhaltung und Rotationsübungen helfen, diese zentrale Stabilität aufzubauen und zu festigen. Du wirst sofort merken, wie du in engen Situationen nicht so schnell die Balance verlierst.

Diese vier Aspekte sorgen zusammen dafür, dass du als Fußballer **nicht nur kraftvoll, sondern auch funktionell stark** bist – genau das ist es, was im Spiel zählt.

4.4 Wie du Kraft aufbaust, ohne ins Fitnessstudio zu müssen

Die gute Nachricht: Du musst nicht jeden Tag im Fitnessstudio schwitzen – eigentlich reicht oft schon das Training mit dem eigenen Körpergewicht, um spürbare Fortschritte zu erzielen. Hier kommen einige praktische Beispiele, die sich wunderbar in dein wöchentliches Training integrieren lassen:

- **Kniebeugen** sind das A und O für starke Beine. Mach sie mit deinem Körpergewicht oder – wenn du schon weiter fortgeschritten bist – mit einer Langhantel. Wichtig ist, dass du immer auf die richtige Technik achtest, damit deine Gelenke geschont werden.
- **Liegestütze** in verschiedenen Variationen trainieren nicht nur deine Brust, sondern auch deine Arme und Schultern. Variiere zwischen engen und breiten Varianten, um alle Bereiche abzudecken.
- **Plyometrische Sprünge** und explosive Sprungübungen bringen deine Schnellkraft auf ein neues Level. Diese Übungen sorgen dafür, dass du im Sprint und bei plötzlichen Richtungswechseln schneller reagierst.
- Für eine solide **Rumpfstabilität** sind klassische Planks und ihre Variationen ideal. Ja, es ist hart und manchmal tut es weh – aber diese Übungen machen dich gerade in den harten Zweikämpfen standhafter und widerstandsfähiger.

Du brauchst weder 60 Minuten täglich noch musst du dir teure Geräte anschaffen. Oft genügen 20 bis 30 Minuten gezieltes Training, in denen du deine Kraft systematisch aufbaust und gleichzeitig an der fußballspezifischen Funktionalität arbeitest.

4.5 Fazit – Wer stark ist, spielt besser und bleibt länger im Spiel

Am Ende des Tages zeigt sich immer wieder die einfache Wahrheit: **Kraft beeinflusst dein Spiel maßgeblich.** Ein stabiler Spieler, der gezielt an seinen Kraftfähigkeiten arbeitet, wird im Zweikampf nicht nur weniger oft zu Fall gebracht, sondern kann sich auch besser behaupten – sei es als Verteidiger, Mittelfeldspieler oder sogar als Stürmer, der sich im Momentsprint gegen einen Gegenspieler behaupten muss.

Wenn du also das nächste Mal auf dem Platz stehst und merkst, dass du bei einem intensiven Zweikampf ins Schleudern gerätst, dann denk an all die Stunden, in denen andere Spieler einfach weiter trainiert haben. Krafttraining ist nicht nur ein starrer Zusatz, sondern der Schlüssel, der dich von einem guten zu einem großartigen Spieler macht.

Stell dir vor, du läufst in der 89. Minute, der Gegner setzt noch einmal alles auf eine Karte – und du bist derjenige, der noch mit voller Kraft reagiert, der den Ball klammert oder die legendäre Grätsche ansetzt und vielleicht den entscheidenden Konter einleitest. Genau das ist der Unterschied zwischen einem Spieler, der sich auf seinen Lorbeeren ausruht, und einem echten Kreisliga-Helden, der immer noch alles gibt, bis der letzte Pfiff ertönt.

Also, nimm das Krafttraining nicht auf die leichte Schulter. Arbeite an deiner Maximalkraft, trainiere deine Schnellkraft, stärke deine Kraftausdauer und sorge mit einem soliden Core dafür, dass du auch in den körperlich härtesten Momenten nicht nachgibst. Mach dich bereit, im nächsten Zweikampf nicht nur mitzuhalten, sondern deinen Gegner im wahrsten Sinne des Wortes wegzudrücken – mit einem breiten Grinsen im Gesicht.

Die Kreisliga mag hart sein, aber sie belohnt diejenigen, die bereit sind, sich auch körperlich voll einzubringen. Bleib engagiert, halte durch und bald wirst du merken: Die Nächte nach dem Spiel werden nicht mehr von Schmerzen und Müdigkeit dominiert, sondern von dem stolzen Gefühl, dass du alles gegeben hast. Und genauso spielen echte Kreisliga-Fußballer – stark, entschlossen und immer bereit, noch einen Zentimeter weiterzukämpfen.

KAPITEL 5: SCHNELLIGKEIT & EXPLOSIVITÄT – DAMIT DU BEIM ANTRITT NICHT HINTERHERRENNST

In der Kreisliga gibt es Momente, in denen der Unterschied zwischen einem erfolgreichen Spielzug und dem verpassten Augenblick in Bruchteilen von Sekunden aufgeht. Es ist nicht nur das rohe Tempo, sondern die Fähigkeit, in einem winzigen Zeitfenster von absoluter Ruhe in pure Explosion zu wechseln – so, als ob der eigene Motor plötzlich auf Hochtouren fährt. Ich erinnere mich an zahllose Trainingstage, an denen der staubige Platz, die sengende Sonne und das ungeduldige Klappern der Trainerstimme dafür sorgten, dass man jede Sekunde aufs Äußerste ausnutzte. Genau diese Momente, in denen du als Spieler den Turbo zündest, bestimmen im Endeffekt, wie du auf dem Platz agierst.

5.1 Warum Schnelligkeit & Explosivität im Kreisliga-Fußball so wichtig sind

Schon zu Beginn meiner Kreisliga-Zeit habe ich schnell gelernt, dass Schnelligkeit mehr ist als nur ein Quotient aus Muskelkraft und Kondition – es ist ein Mix aus Technik, Timing und purem Willen, in den entscheidenden Momenten mehr zu geben als dein Gegner.

Stell dir vor, du stehst auf dem Spielfeld. Die gegnerische Mannschaft spielt in ihrer typischen, unberechenbaren Weise, und plötzlich breitet sich Verwirrung im Mittelfeld aus, weil der Ball Ping-Pong artig durch die Gegend flippert. Deine Chance kommt, aber sie dauert nur ultra-kurz. In genau diesem Augenblick zählt es, ob du blitzschnell deinen Stillstand verlässt und in einem explosiven Antritt alles gibst, die den Ball schnappst und Richtung gegnerischen Torwart losmarschierst.

In der Kreisliga gibt es keine Zeit für lange Gedankenspiele – es geht um spontane Aktionen. Explosivität bedeutet hier, dass du dich in Bruchteilen von Sekunden einer ruhigen Position in einen vollen Sprint verwandelst, als wäre dein Körper ein Sprinter, der gerade den Startschuss hört. Dabei ist die Fähigkeit, deine Bewegung in jedem noch so kleinen Schritt präzise zu koordinieren, ausschlaggebend. Es geht nicht nur um die reine Geschwindigkeit, sondern um schnelle Richtungswechsel, eine konzentrierte Antrittskraft und darüber hinaus um die Fähigkeit, auf unerwartete Spielsituationen sofort zu reagieren.

Der Kreisliga-Fußball verlangt von dir, dass du deinen Gegnern den Atem raubst – und dies gelingt dir einzig und allein, wenn du in den entscheidenden Momenten deine Schnelligkeit und Explosivität vollständig ausspielst. Nur so kannst du beispielsweise den Ball in einer brenzligen Situation weggrätschen, als ob du vorher den linken Schalter umgelegt hättest. Diese Fähigkeit, die auf den ersten Blick so simpel erscheint, wird in einem knappen Zweikampf zum entscheidenden Vorteil – der Unterschied zwischen einem Ballgewinn, der den Spielverlauf drehen kann, und einem schmerzlichen Abreißen des Spiels.

5.2 Wie du Schnelligkeit und Explosivität trainierst

Nun fragst du dich vielleicht: „Wie erziele ich diesen blitzschnellen Start, diese explosive Reaktion?". Die Antwort liegt in einem gezielten, fußballspezifischen Training, das dir nicht nur Schnelligkeit, sondern auch die richtige Technik und Muskelkoordination beibringt.

Stell dir vor, du übst immer wieder das abrupte Loslegen – du stehst an einer imaginären Startlinie, und in dem Moment, in dem ein Signal ertönt (sei es das Pfeifen des Trainers oder ein einfaches Handschlagen deines Mitspielers), setzt du alles in Bewegung. Schon in den ersten Sekunden muss dein Körper schneller als der Rest reagieren. Dabei kommen verschiedene Trainingsansätze zum Einsatz:

- **Intervall-Sprints:** In kurzen, intensiven Sprints von 10 bis 30 Sekunden, gefolgt von ebenso kurzen aktiven Erholungsphasen, lernst du, deine maximale Leistung in einem knappen Zeitfenster zu entfalten. Diese Übungen simulieren den Moment im Spiel, in dem du blitzschnell reagierst und dann gerade noch zum Verschnaufen kommst – damit du beim nächsten Angriff wieder volle Energie hast.
- **Antrittsübungen:** Beginne aus absolutem Stillstand, als ob du auf den Startschuss warten würdest. Hier zählt jede Zehntelsekunde – das Ziel dabei ist, deinen Körper so zu konditionieren, dass er in einem überraschend kurzen Moment volle Kraft

entwickelt und die ersten Schritte mit maximaler Explosivität führt.

- **Richtungswechsel-Drills:** In diesen Übungen wirst du darauf vorbereitet, in Sekundenbruchteilen das Tempo zu verändern oder abrupt die Richtung zu wechseln. Du reagierst dabei auf visuelle oder akustische Signale und lernst, dein Gleichgewicht und deine Geschwindigkeit zu modifizieren, um den Gegner in engen Spielsituationen zu überlisten.
- **Reaktionsübungen:** Diese Übungen zielen darauf ab, deine Reaktionszeit zu minimieren. Ein Mitspieler kann dich unvorhergesehen aus dem Stand in Bewegung setzen, oder du reagierst auf ein plötzliches akustisches Signal, das deinen Körper sofort zum Sprinten zwingt. Dies fördert nicht nur deine physische Schnelligkeit, sondern auch deine konzentrierte Wahrnehmung im Spiel.

In der Pflege dieser Fähigkeiten liegt eine gewisse Magie verborgen – nicht selten hast du erlebt, wie ein paar wiederholte Sprints und Richtungswechsel dein Timing derart optimieren, dass du in der letzten Spielminute den Ball eroberst, während der Gegner noch im Halbschlaf wirkt. Es geht darum, den Körper auf diese unvorhergesehenen Momente vorzubereiten, in denen jede noch so kleine Verzögerung den Ausschlag geben kann.

5.3 Persönliche Anekdoten und der Kreisliga-Charme

Es gibt diese legendären Momente, die in Erinnerung bleiben – und in der Kreisliga gibt es solche Momente immer wieder. Ich erinnere mich an einen besonders heißen Nachmittag, an dem der Platz vor Hitze flimmerte. Wir waren in einem Spiel, in dem die Sekunden wie Ewigkeiten erschienen. Da war dieser junge Spieler, nennen wir ihn Björn, der aus dem Stand heraus einen Antritt hinlegte, der so explosiv war, dass er mit Ball fast über den Platz zu fliegen schien. In diesem kurzen Augenblick schien alles stillzustehen – Trainer, Mitspieler und sogar die Gegenspieler blickten gebannt, als Björn jeden seiner Schritte mit purer Energie ausführte. Dieses Bild hat sich mir tief eingeprägt: Es zeigte mir, dass in der Kreisliga nicht nur Technik und taktisches Geschick zählen, sondern vor allem die Fähigkeit, in kritischen Momenten mit blitzschneller Reaktion das Spiel zu drehen.

Auch andere Momente haben mich gelehrt, wie wichtig es ist, an der eigenen Schnelligkeit zu arbeiten. Oft saßen wir in der Kabine, nach einem harten Spiel, und diskutierten, wie ein kurzer, explosiver Sprint den Unterschied gemacht hat – und wie diese Fähigkeiten durch kontinuierliches Training verfeinert werden können. Da waren auch die kleinen Anekdoten, wie der Typ, der einmal bei einem Richtungswechsel so übel stolperte, dass er fast das ganze Team zum Lachen brachte – stets gefolgt von der Erkenntnis, wie viel noch zu lernen ist. Diese humorvollen und zugleich ernsten Lektionen machen den unvergleichlichen Charme des Kreisliga-Fußballs aus: Es ist ein Spielfeld, auf dem neben Technik und Taktik vor allem auch Herzblut und der unablässige Wille zum Erfolg zählen.

Die Atmosphäre ist hier immer ein wenig rau, aber ebenso herzlich – in jedem Training lag der Glaube daran, dass jeder Sprint, jeder ausgeführte Richtungswechsel und jede Reaktion auf ein unerwartetes Signal dich einen Schritt näher an dein volles Potenzial bringt. Und genau dieser Glaube an den eigenen Turbo – die Überzeugung, dass du in einer entscheidenden Sekunde alles geben kannst – macht den wahren Kreisliga-Spirit aus.

5.4 Fazit – Schnelligkeit und Explosivität als dein Turbo im Spiel

Wenn du auf den Platz trittst, sollst du nicht nur ein weiterer Spieler sein – du sollst derjenige sein, der mit einem plötzlichen, explosiven Antritt die Verantwortung übernimmt. Es geht nicht darum, Marathonläufer oder Sprintweltmeister zu werden, sondern darum, den Moment zu erkennen und in genau dieser Sekunde alles zu geben.

Schnelligkeit und Explosivität sind der Turbo, der dich im Kreisliga-Fußball auszeichnet. Sie machen den Unterschied zwischen einem mittelmäßigen Spiel und einem, das man noch lange in Erinnerung behält. Jeder Trainingsimpuls, den du in diese Richtung investierst, zahlt sich aus – nicht nur in Form von Siegen, sondern auch im persönlichen Gefühl, wenn du merkst, dass du in nur wenigen Sekunden deinen Gegner überholt, den Ball eroberst oder einen entscheidenden Konter einleitest.

Erinnere dich an jeden dieser intensiven Momente, an den Geschmack von Staub und Schweiß, an die Freude, wenn plötzlich alles passt und du merkst: Hier, in diesen flüchtigen Sekunden, besitzt du den

Unterschied. Mit jedem intensiven Sprint, jedem abrupten Richtungswechsel und jeder Reaktion, die schneller ist als der Rest, wirst du nicht nur technisch besser – du wirst zu dem Spieler, der in kritischen Situationen den Unterschied macht. Das ist der Kreisliga-Fußball in seiner reinsten Form: robust, überraschend und voller Leidenschaft, die sich in einem einzigen explosiven Moment manifestiert.

KAPITEL 6: BEWEGLICHKEIT & VERLETZUNGSPRÄVENTION – DAMIT DU AUF DEM PLATZ GESCHMEIDIG BLEIBST UND NICHT ZUM LIEGESTUHL WIRST

Im harten Alltag der Kreisliga, wo jeder Zweikampf und jede plötzliche Richtungsänderung über Sieg oder Niederlage entscheiden kann, ist die Kombination aus Beweglichkeit und Verletzungsprävention nicht nur ein netter Zusatz, sondern ein absolutes Muss. Hier erfährst du, warum du deinen Körper in Schuss halten musst, wie du das erreichst und welche kleinen, unscheinbaren Details den Unterschied machen – immer mit einer großen Portion Kreisliga-Charme.

6.1 Warum Beweglichkeit und Verletzungsprävention im Kreisliga-Fußball so wichtig sind

Erinnerst du dich an die zahllosen Spiele, in denen ein falsch getimter Sprung oder eine unbedachte Grätsche dafür sorgte, dass du innerhalb von Sekunden am Boden lagst? In der Kreisliga – wo der

Platz oft uneben ist, die Rasenbedingungen mehr schlecht als recht und die Gegner manchmal etwas ungeschliffen agieren – zählt nicht nur, wie schnell du rennen kannst, sondern vor allem, wie geschmeidig und flexibel du bleibst. Beweglichkeit ist dabei mehr als bloßes Dehnen: Es ist die Kunst, deinen Körper so einzustellen, dass du auf sämtliche Spielsituationen dynamisch reagieren kannst.

Vor dem Spiel, in der Hitze des Gefechts, ist es entscheidend, dass deine Muskeln, Gelenke und Sehnen optimal vorbereitet sind. Eine optimale Beweglichkeit hilft nicht nur dabei, die Ballführung zu verbessern und schnelle Wendungen elegant auszuführen, sondern vermeidet auch, dass du dich bei einem harten Zweikampf so verheddert, dass Verletzungen fast vorprogrammiert sind. Verletzungsprävention in der Kreisliga ist dabei keine Option – sie ist dein ganz persönlicher Schutzschild gegen Zerrungen, Muskelverletzungen und die unerbittlichen kleinen Zusammenstöße, die auf jedem staubigen Platz passieren.

Dabei geht es nicht nur um akute Verletzungen. Wer nicht in der Lage ist, seine Bewegungsfreiheit zu erhalten, riskiert auch langfristige Schäden. Ein verspannter Muskel oder eine unbehandelte kleine Zerrung kann sich über die Saison hinweg zu einem ernsthaften Problem entwickeln. So bleibt dir oft am

Ende der Saison nicht nur ein geschmackloser Schmerz, sondern auch das gemauerte Gefühl, dass du nicht mehr so auf dem Platz agieren kannst – und das ist in der Kreisliga eine schwere Bürde.

6.2 Beweglichkeit im Fußball – Mehr als nur Dehnen

Wer von uns hat nicht schon einmal gedacht, dass ein paar Minuten statisches Dehnen am Ende des Trainings ausreichen? Falsch gedacht! Beweglichkeit im Fußball ist ein aktiver Prozess – ein dynamisches Zusammenspiel aus Wiederholungen, gezielten Aufwärmübungen und einer konsequenten Integration in den Trainingsalltag.

Bereits in der Aufwärmphase sollte es darum gehen, deinen gesamten Körper in Schwung zu bringen. Statt stundenlang auf der Matte zu liegen, werden dynamische Dehnübungen bevorzugt – beispielsweise aus dem klassischen Armkreisen, der Hüftrotation oder dem leichten Skippings, bei dem die Knie hochgezogen werden. Diese Übungen signalisieren deinen Muskeln, Sehnen und Gelenken, dass sie flexibel bleiben und bereit sind, in Sekundenbruchteilen ihre Stärke zu entfalten.

Ein weiterer wichtiger Aspekt ist das Techniktraining, bei dem du durch gezielte Bewegungsabläufe – wie schnelle Richtungswechsel, Seitwärtsschritte und Sprungübungen – deine Beweglichkeit auch fußballspezifisch trainierst. Es geht darum, dass dein Körper lernt, sich nicht zu verkrampfen. Die Fähigkeit, elegant und gleichzeitig kraftvoll zu agieren, erfordert ein fein abgestimmtes Zusammenspiel zwischen Nerven, Muskeln und Gelenken. Mit jeder dieser Übungen entwickelst du nicht nur ein besseres Körpergefühl, sondern reduzierst auch das Verletzungsrisiko, weil dein Körper fähig wird, unvorhergesehene Belastungen abzufedern.

Ergänzend dazu ist die Integration moderater Yoga- oder Pilates-Übungen in dein Regenerationstraining empfehlenswert. Diese Systeme helfen dabei, die Flexibilität nachhaltig zu verbessern, ohne dass du das Gefühl hast, dich bei jeder Bewegung zu überdehnen. So wird das Dehnen zu einem natürlichen Bestandteil deiner Routine, der dir langfristig hilft, dich geschmeidig zu halten – genau das Richtige also, um auf dem Platz flink und agil zu sein.

Verletzungen passieren – besonders in der Kreisliga, wo spontane Zweikämpfe und raue Spielbedingungen an der Tagesordnung sind. Doch statt jedes Mal erst im Nachhinein ins Schwitzen zu geraten, hilft es, präventive Maßnahmen konsequent in den Trainingsplan einzubauen.

Den Grundstein hierfür bildet ein strukturiertes Aufwärmprogramm. Jede Trainingseinheit sollte mit fünf bis zehn Minuten dynamischer Aufwärmübungen starten, die nicht nur den Puls erhöhen, sondern gezielt deine Gelenke mobilisieren. So werden Bereiche wie die Knie, Hüften, Sprunggelenke und Schultern optimal vorbereitet – denn genau hier passieren die meisten Verletzungen.

Neben dem Aufwärmen spielt auch das richtige Abkühlen eine wichtige Rolle. Nach einem intensiven Spiel oder Training ist es essenziell, die Muskulatur mit leichten Stretching-Übungen wieder zu lockern. Diese Abkühlphase hilft, die Säurebildung in den Muskeln zu reduzieren und damit Muskelkater sowie langfristige Schäden zu verhindern.

Ein weiterer Punkt der Verletzungsprävention ist das regelmäßige Training der propriozeptiven Fähigkeiten – also der Körperwahrnehmung. Übungen zum Gleichgewicht, wie das Training auf einer wackeligen Unterlage oder das geschickte Steuern auf einem Bein, schärfen deinen Sinn für die richtige Körperposition. Dies hilft dir dabei, plötzliche Bewegungsirritationen besser auszugleichen und verhindert, dass du in brenzligen Spielsituationen den Halt verlierst.

In der Kreisliga ist es oft der Fall, dass Trainingspläne aus Zeit- und Ressourcenmangel nicht optimal umgesetzt werden. Doch gerade hier solltest du darauf achten, dass du deinen Körper nicht nur belastest, sondern ihm auch die nötige Ruhe und Pflege gönnst. Dazu zählt auch die richtige Ernährung und ausreichender Schlaf, die gemeinsam dafür sorgen, dass deine Regenerationsphasen optimal genutzt werden.

Die Praxis zeigt: Es gibt einige effektive Methoden, um aktiv und passiv deine Beweglichkeit zu fördern und Verletzungen vorzubeugen. Schon einfache Übungen können einen großen Unterschied machen und lassen sich gut in den kreisliga-typischen Trainingsalltag integrieren.

Ein Klassiker beginnt immer mit dynamischem Stretching. Das Anlaufen von leichten Dribbling Übungen, gepaart mit fließenden Armkreisen oder Hüftrotationsbewegungen, fördert nicht nur die Flexibilität, sondern bereitet auch den gesamten Körper auf abrupt kommende Belastungen vor.

Im Anschluss kann ein Zirkeltraining integriert werden, das gezielt verschiedene Muskelgruppen anspricht. Zum Beispiel:

- **Kurze Balance- und Stabilitätsübungen:** Stell dich einmal auf ein Bein und halte dabei einen leichten Ball in der Hand wirf ihn hoch und fang ihn wieder – so schärfst du dein Gleichgewicht und trainierst deinen Core.
- **Dynamische Dehnübungen:** Wechsle zwischen Vorwärts- und Seitendehnungen,

kombiniere diese mit leichten Sprüngen, um den Bewegungsradius deiner Gelenke zu vergrößern.

- **Reaktive Beweglichkeitstrainings:** Hierbei wird beispielsweise ein Partner unvorhergesehen Signale geben – sei es ein Rufen oder ein Klatschen – woraufhin du sofort in einen kurzen, intensiven Lauf oder einen Richtungswechsel umschaltest. Dies simuliert Spielsituationen, in denen du auf äußere Impulse blitzschnell reagieren musst.

Regelmäßige Abkühl-Programme, die nach dem Haupttraining durchgeführt werden, runden diesen Ansatz ab. Sie bestehen klassischerweise aus statischem Dehnen, bei dem jede Hauptmuskelgruppe für mindestens 30 Sekunden gedehnt wird. Auch hier zählt die korrekte Ausführung – du solltest dich nicht in Schmerz, sondern in ein sanftes, angenehmes Ziehen begibst, das den Heilungsprozess unterstützt.

In meinem aktiven Kreisliga-Alltag gehörten Verletzungen unweigerlich dazu – oft als Folge von unzureichendem Aufwärmen oder zu hoher Selbstüberschätzung. Ich erinnere mich an einen besonders feuchten Herbsttag, als der Platz durch den Regen beinahe matschig wurde. Unser Trainer bestand darauf, dass wir uns intensiv aufwärmen, doch ein junger Kumpel von mir, nennen wir ihn Jan, war zu schüchtern, das empfohlenen dynamischen Aufwärmprogramm durchzuziehen. Schon in der ersten Halbzeit kam es: Er führte einen abrupten Richtungswechsel aus, verlor das Gleichgewicht und zog sich dabei eine schmerzhafte Zerrung in der Wade zu. Es war ein klassischer Fall, wie mangelnde Vorbereitung den Unterschied machen kann. Danach spendierten wir ihm nicht nur Trost, sondern auch detaillierte Hinweise zu effektiven Dehnübungen – und Jan wurde fortan einer der eifrigsten Verfechter von dynamischem Aufwärmen.

Ein weiterer Klassiker unter den Muskelverletzungen ist das ohne Aufwärmen den Ball auf das Tor knallen. Auch hier muss glaube ich erst jeder einmal die Erfahrung machen, dass man sich genau in solch einer Situation die klassische Zerrung im

Oberschenkel holt. Hier reichen die klugen Ratschläge der Älteren Mitspieler meist nicht aus.

Doch nicht nur Verletzungen schweißen uns zusammen – auch die humorvollen Momente gehören dazu. Es gab auch Tage, an denen wir in der Kabine darüber lachten, wie manche Spieler sich nach einem intensiven Zweikampf in merkwürdigen Positionen wiederfanden – als hätten sie eine Pose aus einem modernen Tanzstück eingenommen. Diese kleinen Anekdoten, die von selbstironischem Humor und dem unerschütterlichen Willen, jeden Rückschlag zu überwinden, geprägt waren, machten den Kreisliga-Charme aus. Es ist dieser liebevolle Spott, der immer wieder in den Gesprächen ankommt, wenn jemand über eine unglückliche Verletzung klagt – immer mit dem Versprechen, dass die richtige Mobilität und gezielte Prävention solchen Vorfällen vorbeugen können.

6.6 Fazit – Bleib flexibel, bleib verletzungsfrei, bleib im Spiel

Zusammengefasst ist Beweglichkeit der Schlüssel, der dir nicht nur im akuten Spiel den nötigen Spielraum bietet, sondern auch langfristig dafür sorgt, dass du keinem unglücklichen Muskelzerren oder Gelenksteifheit erliegst. Verletzungsprävention wiederum ist dein täglicher Begleiter – ein kontinuierlicher Prozess, der aus intelligentem Aufwärmen, gezieltem Training und bewusstem Cool-Down besteht. Wenn du diese Elemente in deinen Trainingsalltag integrierst, schützt du nicht nur dein aktuelles Spiel, sondern baust auch eine Basis auf, die dich Saison für Saison stärker und flexibler werden lässt.

Denke daran: Es sind oft die kleinen Details – das bewusste Aufwärmen, das exakte Dehnen und die regelmäßigen Mobilitätsübungen – die den Unterschied machen. So bleibt dein Körper geschmeidig, deine Muskeln reaktionsschnell und deine Gelenke gut geschmiert. Dadurch minimierst du das Risiko, dass du nach einem intensiven Zusammenstoß auf der Ersatzbank landest oder am nächsten Tag mit einem schmerzhaften Reminder zur Arbeit schleppst.

Wenn du also jeden Trainingsimpuls als Investition in deine langfristige Gesundheit und Leistungsfähigkeit siehst, wirst du nicht nur ein besserer Fußballer in der Kreisliga, sondern auch ein strahlendes Beispiel dafür, dass Prävention und Beweglichkeit Hand in Hand gehen. So bleibst du flexibel, verletzungsfrei und – ganz wichtig – immer bereit, auf dem Platz das Beste zu geben.

KAPITEL 7: VERLETZUNGEN IM KREISLIGA-FUSSBALL & IHRE BEHANDLUNG – WIE DU DICH VON SCHLACHTEN ERHOLST UND WIEDER AUFSTEHST

Verletzungen gehören in der Kreisliga fast schon zum Ritual dazu – wie das regelmäßige Zischen von Bierflaschen nach dem Spiel oder das Klopfen auf den Rücken in der Kabine. Doch so schmerzhaft und frustrierend sie auch sein mögen, sie sind ebenso eine Lektion in Demut und Durchhaltevermögen. In diesem Kapitel tauchen wir tief in die Welt der Verletzungen ein: von den unvermeidlichen Schlachten auf dem staubigen Platz über die erste Hilfe am Spielfeldrand bis hin zum langen Weg der Rehabilitation, der letztlich deine Rückkehr ins Spiel ermöglicht.

7.1 Unvermeidlichkeit von Verletzungen im Kreisliga Fußball

In der Kreisliga ist der Platz oft so unberechenbar wie das Wetter an einem Aprilmorgen – und genauso wenig freundlich. Hier treten Spieler auf Rasen, der mehr von Matsch und Schlammpfützen als von gepflegtem Grün bietet. Die unebene Oberfläche, fehlende Wartung und auch das rauere Spiel führen dazu, dass auch nach jahrelanger Erfahrung und akribischem Training die kleinen Missgeschicke nicht ausbleiben.

Ich erinnere mich an zahllose Momente, in denen ein unbedachter Schritt zu einem abrupten Stolpern führte, oder bei dem ein harter Zweikampf ausreichte, um den Muskel zu überlasten. Solche Situationen können passieren – als ob das Schicksal selbst manchmal dazwischenfunkt, um dich daran zu erinnern, dass kein Spieltag garantiert, schmerzfrei verläuft. Deine Verletzungen sind nicht immer ein Zeichen von Schwäche, sondern vielmehr von der harten Realität eines Fußballspiels, in dem jeder Kontakt und jede plötzliche Richtungsänderung dein Wohlbefinden aufs Spiel setzt.

Verletzungen im Amateurfußball sind fast schon ein ständiger Begleiter. Sie sind Tests, die nicht nur deine körperliche Belastbarkeit, sondern auch deinen mentalen Kampfgeist prüfen. In dieser Umgebung lernst du, dass der wichtigste Faktor nicht darin besteht, Verletzungen völlig zu vermeiden – sondern vielmehr, wie du damit umgehst, dich erholst und stärker zurückkehrst.

In der Kreisliga gibt es einige Verletzungsarten, die so häufig auftreten, dass man sie fast als „Standardelement" des Amateurfußballs betrachten könnte. Ohne dabei abstrakt zu werden, lohnt es sich, diese Verletzungen genauer zu betrachten:

Muskelzerrungen und -risse: Diese Verletzungen machen sich schnell bemerkbar, oft wenn du im letzten Sprint deine Grenzen ausreizt oder dich in einem abrupten Richtungswechsel überdehnst. Die typischen Bereiche sind dabei die Oberschenkel- und Wadenmuskulatur. Ein kleines Zucken und Ziehen kann sich über Stunden in einen qualvollen Schmerz verwandeln und dich tagelang ausbremst – nicht selten begleitet von dem Gefühl, als hättest du direkt an der Grenze deiner physischen Belastbarkeit gezeltet.

Verstauchungen und Bänderrisse: Insbesondere Sprunggelenk und Knie sind in der Kreisliga häufig betroffen. Bei einem unglücklichen Landen nach einem Sprung oder einem heftigen Kontakt kann es zu einer Überdehnung der Bänder kommen. Die Folge: Schwellungen, Schmerzen und eine eingeschränkte Beweglichkeit, die dich stunden-

oder sogar tagelang von weiteren Belastungen fernhält.

Prellungen und Schürfwunden: Diese Verletzungen mögen oberflächlich erscheinen, doch sie können ernsthafte Begleiterscheinungen mit sich bringen. Ob durch Zusammenprall beim Zweikampf oder durch Stürze auf den nassen, schlammigen Rasen – Prellungen und Schürfwunden sind fast schon ein Standardrepertoire im Kreisliga-Alltag. Zwar heilen sie meist ohne Intervention, doch wiederholte kleinere Verletzungen können zu chronischen Beschwerden führen.

Gehirnerschütterungen: Auch wenn sie weniger häufig auftreten, sind Kopfverletzungen keineswegs zu unterschätzen. Bei heftigen Kopfballduellen oder Zusammenstößen kann es kurzfristig zu Bewusstseinsstörungen oder zu anhaltenden Symptomen wie Kopfschmerzen und Schwindel kommen – die eine fachliche Behandlung erfordern.

Diese Verletzungen, so unangenehm sie auch sein mögen, sind Bestandteil eines jeden intensiven Spiels. Sie mahnen dich, stets achtsam zu sein und deine Grenzen zu kennen – denn jeder dieser Vorfälle ist in gewisser Weise auch eine Warnung, die dir zeigt, wie wertvoll deine körperliche Integrität ist.

7.3 Erstversorgung auf dem Platz – P.E.C.H. und der kühle Kopf

Wenn in einem Augenblick der Hitze des Gefechts etwas schiefgeht und du den stechenden Schmerz spürst, ist oft schnelles Handeln gefragt. Auf dem Platz gilt es, einen kühlen Kopf zu bewahren und die Verletzung sofort zu versorgen. Die P.E.C.H.-Methode oder Regel ist dabei dein bewährter Begleiter:

Pause: Sobald der Schmerz einsetzt, ist es wichtig, sofort jede Belastung zu vermeiden. Dies kann bedeuten, dass du dich auf den Boden setzt oder zumindest den betroffenen Bereich nicht weiter strapazierst.

Eis: Kühlen ist das A und O. Ein improvisierter Eisbeutel – sei es ein in ein Tuch gewickelter Gefrierbeutel oder auch ein kalter Wasserhahn – hilft, die unmittelbar eintretende Schwellung zu begrenzen und den Schmerz zu lindern. Kälte wirkt entzündungshemmend und reduziert den Blutfluss an der verletzten Stelle.

Compression: Ein elastischer Verband übt leichten Druck auf den verletzten Bereich aus und hilft dabei, Schwellungen vorzubeugen. Dabei ist es wichtig, den Verband so anzulegen, dass er nicht zu eng sitzt – sonst könnte er den Kreislauf behindern.

Hochlagern: Wenn es dir möglich ist, solltest du das verletzte Glied hochlagern – idealerweise über Herzhöhe – um die Durchblutung zu regulieren und die Schwellung zu minimieren.

Ich erinnere mich an einen besonders dramatischen Moment: Nachdem unser rechter Außenverteidiger nach einem heftigen Zweikampf zusammengebrochen war, eilte der Trainer sofort herbei und rief laut „P.E.C.H.!". Nach der ersten Irritation war uns klar, was er genau meinte. Mit improvisierten Mitteln – ein Eisbeutel aus einer Gefriertruhe und ein elastischer Verband aus der Erste-Hilfe-Ausrüstung – begann man sofort mit der Erstversorgung, während die restliche Mannschaft sich kümmerte, dass der verletzte Spieler ruhig blieb. Dieser Moment lehrte uns alle: Es zählt nicht nur das Talent auf dem Platz, sondern auch die Fähigkeit, in kritischen Momenten besonnen zu handeln.

Nach der akuten Phase der Erstversorgung beginnt oft ein langer und oft mühsamer Weg: die Rehabilitation. Diese Phase ist entscheidend, um sicherzustellen, dass sich eine Verletzung nicht zu einem chronischen Problem entwickelt und du gestärkt zurückkehrst.

Die ersten Tage nach der Verletzung sind häufig geprägt von Ruhe und sanftem Ausklang der Schmerzen. In enger Zusammenarbeit mit Physiotherapeuten wird ein individueller Plan erstellt, der auf deine spezifische Verletzung zugeschnitten ist. Hierzu gehören:

- **Gezielte physiotherapeutische Übungen:** Diese beinhalten spezielle Techniken, um die Muskulatur wieder aufzubauen, die Beweglichkeit zu verbessern und die Stabilität der Gelenke zu fördern. Dabei kommt es nicht nur auf das bloße Wiederholen von Bewegungen an, sondern auf das präzise und kontrollierte Ausführen einzelner Übungen.
- **Medikamentöse Behandlung:** Schmerzmittel und entzündungshemmende Medikamente können dazu beitragen, den Heilungsprozess zu unterstützen. Es ist

wichtig, diese nur unter ärztlicher Aufsicht einzunehmen, um Nebenwirkungen zu vermeiden.

- **Stufenweise Belastungssteigerung:** Nach einer anfänglichen Phase der Ruhigstellung folgt das schrittweise Wiedereingliedern in leichte Belastungen. Zunächst werden einfache Bewegungsabläufe geübt, bevor fußballspezifische Übungen integriert werden. Dieser Übergang ist oft der kritischste – denn zu viel zu früh könnte den Heilungsprozess gefährden.
- **Regelmäßige Rücksprache und Kontrolle:** Ob durch den Trainer, den Physiotherapeuten oder einen Arzt – die fortlaufende Überwachung erlaubt, dass du deine Rückkehr ins Training nur dann intensivierst, wenn dein Körper bereit ist.

Der Reha-Prozess ist oft von Geduld und Disziplin geprägt. Es ist nicht ungewöhnlich, dass Spieler über Wochen hinweg kleine Fortschritte machen und dabei immer wieder Rückschläge erleben. Doch wer auf den Rat der Fachleute hört und seinen Körper respektiert, kann langfristig immer stärker und belastbarer zurückkehren.

So sehr du auch versuchen magst, viele Verletzungen im Kreisliga-Alltag eigenständig zu behandeln, gibt es klare Warnsignale, die einen Arztbesuch unabdingbar machen.

Du solltest dringend einen Arzt konsultieren, wenn:

- **Die Schmerzen trotz anfänglicher Maßnahmen nicht nachlassen oder sich gar verschlimmern:** Hier kann es sein, dass tieferliegende Strukturen betroffen sind, die einer fachlichen Diagnose bedürfen.
- **Es zu außergewöhnlich starken oder anhaltenden Schwellungen kommt:** Eine heftige Schwellung kann ein Hinweis auf einen schwerwiegenderen Schaden sein, wie einen Bänderriss oder sogar einen Knochenbruch.
- **Deutliche Bewegungseinschränkungen oder das Gefühl eines „Blockierens" im Gelenk auftreten:** Dies ist oft ein Zeichen dafür, dass die Verletzung umfangreicher ist, als es auf den ersten Blick den Anschein hatte.
- **Veränderte Sensibilität – etwa Taubheitsgefühle, Kribbeln oder ein**

anormaler Spannungszustand auftreten: Diese Symptome weisen auf mögliche Nervenschädigungen oder Durchblutungsstörungen hin.

Das Ignorieren solcher Warnsignale ist im Amateurfußball häufig ein Fehler, der langfristig zu erheblichen Problemen führt. Ein Arztbesuch sollte daher nicht als Zeichen von Schwäche, sondern als kluge Vorsichtsmaßnahme betrachtet werden, um sicherzustellen, dass du schnell und vollständig wieder ins Spiel zurückkehren kannst.

7.6 Persönliche Anekdoten und der unverwechselbare Kreisliga-Charme

Die Kreisliga ist bekannt für ihre rauen, aber herzlichen Momente – und Verletzungen sind dabei fast schon eine untrennbare Eigenschaft. Ich erinnere mich an einen verregneten Nachmittag, an dem der nasse, matschige Platz enorme Rutschpartien förderte. Unser rechter Verteidiger – ein stämmiger Typ, der stets mit großem Einsatz dabei war – stolperte bei einem abrupten Richtungswechsel. Sein unvermitteltes Stürzen wirkte fast komisch, als er mitten im Spielfeld lag und mit einem schmerzverzerrten Grinsen versuchte, sich aufzurappeln. Der Trainer, sichtbar bemüht, die Stimmung zu heben, machte einen schlagfertigen Kommentar: „Na, jetzt hast du die Einladung in den Club der Verletzten – herzlich willkommen!"

Diese humorvollen Bemerkungen, gepaart mit der ernsten Erkenntnis, dass Verletzungen uns alle irgendwann treffen, schuf eine Atmosphäre des Zusammenhalts. Wir teilten Tipps, welche Dehnübungen und Aufwärmtechniken uns halfen, und lachten über die kleinen Missgeschicke, während wir uns gegenseitig ermutigten, geduldig zu sein und auf den Körper zu hören. Diese Erlebnisse lehrten uns, dass Verletzungen zwar Narben hinterlassen können, aber im Kreisliga-Alltag auch eine Quelle von Geschichten und gemeinschaftlichem Humor sind – eine Erinnerung daran, dass jeder Rückschlag auch die Gelegenheit bietet, als Team und als Einzelner stärker zurückzukommen.

7.7 Fazit – Verletzungen gehören dazu: Wie du dich erholst, ohne den Kampfgeist zu verlieren

Letztlich sind Verletzungen im Kreisliga-Fußball unvermeidliche Kapitel auf dem Weg zu größerer Erfahrung, Ausdauer und Gemeinschaftssinn. Es geht nicht darum, sich ewig im Schmerz zu suhlen, sondern darum, wie du dich nach einem Rückschlag wieder aufraffst und gestärkt ins nächste Spiel gehst. Indem du von der ersten Hilfe am Platz über eine konsequente Rehabilitation – geleitet von Fachleuten und unterstützt durch Eigenverantwortung – bis hin zu dem unangenehmen, aber notwendigen Arztbesuch alle Schritte befolgst, stellst du sicher, dass du nicht langfristig ausgebremst wirst.

Die Erkenntnis lautet: Jeder unglückliche Moment, jedes Missgeschick und jeder Schmerz sind eine Lektion, die dich als Spieler prägt. Indem du lernst, deine Verletzungen anzunehmen und mit klugen, disziplinierten Maßnahmen zu behandeln, bewahrst du dir nicht nur deine körperliche Gesundheit, sondern auch den unermüdlichen Kampfgeist, der den Kreisliga-Fußball so einzigartig macht.

Am Ende – und das ist der absolute Kern – zeigt sich, dass es nicht der Schmerz oder die Verletzung sind, die dich definieren, sondern deine Fähigkeit, immer wieder aufzustehen und weiterzukämpfen. Mit einer ordentlichen Portion Humor, einer konsequenten Vorsorge und dem festen Glauben daran, dass jeder Rückschlag auch eine Chance ist, wirst du nicht nur als Fußballer, sondern auch als Mensch wachsen.

Halte dich an die Regeln der Erstversorgung, beobachte deinen Körper genau, nimm Warnsignale ernst und nutze jede Trainings- und Erholungsphase als Investition in deine Zukunft. Denn im harten, ungeschönten Alltag der Kreisliga dreht sich alles um den Willen, immer wieder aufzustehen – und das macht dich letztlich zu einem wahren Kämpfer auf und neben dem Platz.

KAPITEL 8: REGENERATION & ERNÄHRUNG – WIE DU DEINEN KÖRPER AUCH ZWISCHEN DEN SPIELEN IN HÖCHSTFORM BRINGST

In der Kreisliga ist jeder Spieltag ein Schlachtfeld, auf dem du nicht nur auf dem Platz Gas gibst, sondern danach auch deinem Körper etwas Gutes tun musst. Regeneration und Ernährung sind dabei die unsichtbaren Helden, die dir ermöglichen, nach harten Zweikämpfen, anstrengenden Sprints und rauen Tackles immer wieder mit vollem Elan zurückzukehren. Dieser Abschnitt zeigt dir, wie du dein persönliches Kraftwerk – deinen Körper – so pflegst, dass du Tag für Tag aufs Neue dein Bestes geben kannst, ohne am nächsten Morgen mit einem Muskelkater aufzuwachen, der fast schon legendär ist.

Stell dir vor, dein Körper ist wie ein altehrwürdiger Kreisliga-Traktor, der für alteingesessene Spiele gebaut wurde. Er hat bereits viele Schlachten geschlagen, und jedes Spiel bringt ihn an seine Grenzen – aber genauso wichtig wie der Einsatz, ist die richtige Wartung. In unseren harten Trainings- und Spieltagen, an denen du jeden Zentimeter deines Körpers forderst, sorgt eine konsequente Regeneration dafür, dass du nicht nur funktionsfähig, sondern auch leistungsfähig bleibst.

Denk an die endlosen Zweikämpfe, an jedes aggressive Dribbling und jede kraftvolle Grätsche, die deine Muskeln beansprucht haben. Ohne eine strategische Erholungsphase sammeln sich kleine Risse, Verspannungen und Erschöpfungszustände im Körper an. Genau hier liegt der Schlüssel: Indem du deinem Körper echte Ruhe gönnst, ermöglichst du ihm, sich von den hohen Belastungen zu erholen, beschädigte Gewebe zu reparieren und neue Kraft heranzuziehen. Ganz gleich, ob du es als "Mach mal Pause, sonst fällst du schneller um als der letzte Wackelpudding in der Kabine" hörst – Regeneration ist kein Luxus, sondern das Fundament für eine lange und erfolgreiche Saison.

Die Methoden, deinen Körper wieder auf Vordermann zu bringen, sind so vielfältig wie die Manöver in einem hitzigen Spiel. Dabei geht es nicht nur um passives Ausruhen, sondern um aktive Maßnahmen, die den Erholungsprozess beschleunigen und verbessern.

Beginnen wir mit dem **aktiven Cool-Down**: Nach einem intensiven Spiel oder Training solltest du deinen Körper schrittweise in den Ruhezustand zurückführen. Das bedeutet, statt abrupt anzuhalten, etwas Leichtes zu tun – etwa ein lockerer Auslauf oder ein paar Minuten gemütliches Gehen. Dabei helfen auch dynamische Dehnübungen, die nicht nur die Muskulatur lockern, sondern auch die Durchblutung fördern. Ich erinnere mich an Gespräche nach dem Training, bei denen Spieler noch leise ihre coolen Ausfallphasen präsentierten, während sie betonten, wie wichtig das „langsame Ausklingen" war.

Ein zentraler Bestandteil ist das **Faszien-Rollentraining**. Mit einer einfachen Schaumstoffrolle oder einem speziellen Faszienball massierst du deine Muskeln und löst verklebte Faszienknoten. Dies hat nicht nur einen wohltuenden Effekt, sondern hilft auch dabei, die Flexibilität wiederherzustellen – etwas, das du auf dem staubigen Kreisliga-Platz immer gebraucht hast.

Nicht zu vernachlässigen sind **Kaltwasseranwendungen**. Eine eiskalte Dusche oder ein kurzes Eisbad (natürlich mit Maß und Ziel, um Erfrierungen zu vermeiden) wirken wahre Wunder. An den heißen Tagen, wenn der Schweiß förmlich deine Vereinstasche durchnässt, ist ein kurzer Sprung in kaltes Wasser der beste Weg, um Entzündungen zu hemmen und deine Muskulatur zu beruhigen. Man munkelt in manchen Vereinen sogar, dass Spieler durch solche Duschen geradezu wie neu geboren wirken – und das ist nicht nur Kreisliga-Mythos!

Neben den physischen Maßnahmen darf auch die mentale Regeneration nicht zu kurz kommen:

- **Ausreichender Schlaf** ist der beste Freund eines jeden Spielers. In der Nacht, wenn alle Lichter aus sind und der Traktor im Schuppen steht, repariert sich dein Körper auf biochemischer Ebene.
- **Entspannungsrituale** wie ruhige Spaziergänge, Meditation oder sogar einfach das Genießen eines guten Buches tragen dazu bei, den Stress des Tages abzubauen.
- **Regenerationstage** im Trainingsplan sollten fest eingeplant sein – auch wenn der innerliche Kreisliga-Kämpfer gerne jeden Tag auf dem Platz stehen würde, müssen auch Kämpfer ruhen, um morgen wieder in Topform zu sein.

8.3 Ernährung – Der Treibstoff für deinen Kreisliga-Körper

Ein Muskel, der auf dem Platz Vollgas gibt, ist nur so gut wie das Benzin, das ihn antreibt. Genau wie ein alter, gut gewarteter Traktor, braucht dein Körper die richtige Mischung aus Nährstoffen, um nach dem Einsatz wieder voll einsatzbereit zu sein.

Die Grundlagen einer gesunden Ernährung sind in der Kreisliga keine Geheimwissenschaft, sondern meist einfache, ehrliche Kost. Denk an frisches Gemüse, Obst, Vollkornprodukte und hochwertige Proteine – all das liefert die Energie, die du brauchst, und sorgt dafür, dass deine Schäden, die sich im harten Spiel angesammelt haben, wieder repariert werden können.

Proteine sind dabei besonders wichtig. Sie sind der Baustoff für Muskeln, der dafür sorgt, dass kleine Risse in den Muskelfasern repariert werden. Du findest sie in Fleisch, Fisch, Eiern, Hülsenfrüchten und Milchprodukten. Oft hörst du von den Jungs, die nach einem Spiel stolz von ihrem „Power-Smoothie" schwärmen – sei es mit Proteinpulver, Banane, Spinat und einem Schuss Kaffee, um den nötigen Kick zu liefern.

Kohlenhydrate geben dir die Energiespritze, die du für intensive Belastungen benötigst. Vollkornreis, Kartoffeln und Haferflocken sind Klassiker, die nicht nur sättigen, sondern auch nachhaltig Energie abgeben, sodass du die nötige Ausdauer hast, um den ganzen Spieltag durchzuhalten.

Vitamine und Mineralstoffe dürfen dabei niemals fehlen. Frisches Obst und Gemüse liefern dir eine Fülle an Mikronährstoffen, die dein Immunsystem stärken und deinen Körper im Regenerationsprozess unterstützen. Denk an Vitamine wie C und E, die für die Reparatur von Zellen wichtig sind, und Mineralstoffe wie Magnesium, das für die Muskelentspannung sorgt.

Nicht zuletzt spielt auch die **Flüssigkeitszufuhr** eine zentrale Rolle. Wasser, ungesüßte Tees oder selbstgemachte Infusionen mit Zitrone und Minze helfen, deine Körperfunktionen in Schwung zu halten und den Flüssigkeitshaushalt nach einem schweißtreibenden Spiel wiederherzustellen. Schon so mancher Spieler hat gelernt, dass ein regelmäßiger Schluck Wasser mehr bewirken kann als ein Eisbeutel – zumindest im langfristigen Kampf gegen die Erschöpfung.

In der Kreisliga gibt es immer wieder die Versuchung, sich mit Fast-Food, zuckerreichen Getränken oder saftigen Snacks zu belohnen – oft, weil es einfach bequem ist. Aber du wirst schnell merken: Nur wer seinen Körper mit dem bestmöglichen Treibstoff versorgt, bleibt auch auf dem Platz stark. Mit einem bewussten Blick auf Makro- und Mikronährstoffe sowie einer ausgewogenen Balance zwischen Genuss und Disziplin sicherst du dir nicht nur kurzfristige Energie, sondern auch eine nachhaltige Regeneration.

8.4 Persönliche Anekdoten und der herzliche Kreisliga-Charme

Du kennst das: Nach einem harten Spiel sitzt die ganze Mannschaft in der Kabine und es wird hitzig diskutiert – nicht zuletzt darüber, wer das beste Geheimrezept für den perfekten Regenerations-Smoothie hat. Ich erinnere mich an einen legendären Abend, an dem unser Nummer-eins-Drucker – ein Kerl, der immer behauptete, nur „natürliche Energie" zu konsumieren – seine neueste Kreation vorstellte: einen Mix aus Spinat, Banane, Apfel und einer geheimen Zutat, die er stolz als „das flüssige Glück" bezeichnete. Die Stimmung war ausgelassen, und während einige über die ungewöhnlichen Zutaten lachten, wusste jeder im Team, dass solch ein Getränk den Körper erstaunlich regenerieren konnte.

Andere Anekdoten handeln von den legendären Regenerations-Tagen, an denen man gemeinsam bei einem leckeren (aber gesunden) Essen in der Vereinsküche saß – immer begleitet von humorvollen Neckereien, wer so dick „aufgeladen" ist, dass er kaum noch auf den Platz passt. Diese Geschichten, oft voller Selbstironie und mit einem Augenzwinkern erzählt, machen den Kreisliga-Alltag aus: Wir wissen, dass wir hart arbeiten, aber wir wissen auch, dass der Zusammenhalt und der Humor uns durch die steinigsten Zeiten helfen.

Es ist dieser unbeschwerte, bodenständige Umgang mit der eigenen Regeneration und Ernährung, der uns als Kreisliga-Spieler auszeichnet. Jeder weiß, dass es nicht nur um das schnelle Abhaken von Pflichtprogrammen geht, sondern um den wahren Respekt gegenüber dem eigenen Körper und das Bewusstsein, dass Erholung und der richtige Nährstoffmix entscheidend sind, um immer wieder aufs Neue Vollgas zu geben.

8.5 Fazit – Regeneration und Ernährung: Deine treuen Begleiter im Kreisliga-Kampf

Letztlich bist du nur so stark wie die Pflege, die du deinem Körper zukommen lässt. Regeneration und Ernährung sind die unsichtbaren Helden, die dir helfen, nach jedem intensiven Auftritt auf dem Platz wieder in die bestmögliche Verfassung zu kommen. Wenn du deinem Körper die nötigen Ruhe- und Erholungsphasen gönnst, die richtigen Nährstoffe in der richtigen Dosierung zuführst und dir auch mal bewusst Zeit für mentale Entspannung nimmst, erhöhst du nicht nur deine Leistungsfähigkeit – du sorgst auch dafür, dass du langfristig gesund und verletzungsfrei bleibst.

Die Kunst besteht darin, einem harten Kreisliga-Kader auch abseits des Spielfeldes das Gefühl zu vermitteln, dass jede Minute Erholung und jede Mahlzeit, die bedacht zusammengestellt wurde, eine Investition in deine Zukunft ist. Mit gutem Regenerationstraining, einer ausgewogenen Ernährung und einer ordentlichen Portion Humor, der uns alle verbindet, bist du bereit, in jedem Spiel aufs Neue als der unerschütterliche Kämpfer auf den Platz zu gehen – bereit, das Beste aus dir herauszuholen.

KAPITEL 9: MENTALE STÄRKE & MOTIVATION – DER UNSICHTBARE MOTOR DEINES KREISLIGA-ERFOLGS

In diesem Kapitel tauchen wir tief in die Welt der mentalen Ertüchtigung ein, die so entscheidend ist wie das Training für Ausdauer, Kraft oder Schnelligkeit – denn letztlich spielt auch der Geist eine zentrale Rolle, wenn es darum geht, auf und neben dem Platz alles zu geben. Mit reichlich Kreisliga-Charme, persönlichen Anekdoten und praxisnahen Tipps zeige ich dir, wie du deinen inneren Antrieb findest, Rückschläge überwindest und täglich mit dem nötigen Fokus und Elan ins Spiel startest.

9.1 Warum mentale Stärke im Kreisliga-Fußball so wichtig ist

Auf dem staubigen Platz der Kreisliga trifft man nicht nur harte Zweikämpfe und physische Herausforderungen, sondern auch Situationen, in denen der Kopf über Sieg oder Niederlage entscheidet. Ich erinnere mich an unzählige Spiele, in denen der Spieler, der ruhig blieb und auch unter Druck klare Entscheidungen traf, oft derjenige war, der den Unterschied machte – selbst, wenn die körperlichen Voraussetzungen nicht immer optimal waren. Mentale Stärke bedeutet, den inneren Kritiker zum Schweigen zu bringen, sich selbst zu motivieren, wenn der Körper müde ist, und in jeder Situation das Beste zu geben. Gerade in der Kreisliga, wo Spielbedingungen unberechenbar sind und oft der Humor über den eigenen Frust siegt, ist es unerlässlich, dass du dich mental schärfst, um auch in den hitzigsten Momenten den Fokus zu behalten und wieder aufzustehen, wenn mal etwas schiefgeht.

9.2 Techniken und Methoden zur Steigerung der mentalen Stärke

Mentale Stärke lässt sich trainieren – genauso wie körperliche Fähigkeiten. Ein bewährtes Mittel ist das Visualisieren des Spielverlaufs. Vielleicht setzt du dich vor dem Training oder Spiel ein paar Minuten hin, schließt die Augen und stellst dir detailliert vor, wie du intelligente Pässe spielst, blitzschnell reagierst oder in entscheidenden Momenten den Kopf behältst. Diese Technik hilft, deine inneren

Abläufe zu verankern und deinen Geist auf Erfolg zu programmieren.

Des Weiteren sind Atemtechniken ein einfaches, aber wirksames Instrument. Tiefes, bewusstes Atmen beruhigt nicht nur, sondern stärkt auch deine Konzentration – ideal, um vor einem wichtigen Spiel den Adrenalinschub zu dämpfen. Auch kleine Routinen, wie das kurze Durchatmen zwischen den Zweikämpfen oder das Fokussieren auf einen bestimmten, positiven Gedanken, sind im brenzligen Moment Gold wert.

Ein weiterer Ansatz ist das Führen eines Erfolgstagebuchs. Notiere dir nach jedem Spiel oder Training, was gut gelaufen ist, welche positiven Impulse du wahrnehmen konntest und wie du dich trotz Rückschlägen wieder hochgerappelt hast. So schaffst du dir eine persönliche Motivationsquelle, die dich auch an den Tagen antreibt, an denen der Kopf sich schwer macht.

Vor jedem Spiel gibt es Rituale, die für viele Kreisliga-Spieler fast heilig sind. Ob es der letzte Teamkreis in der Kabine ist, bei dem motivierende Worte ausgetauscht werden, oder ein kurzer Moment der Stille, in dem du dich auf deine Aufgabe fokussierst, oder linken vor dem rechten Stutzen anziehst– diese Routinen schaffen einen mentalen Rahmen, der dich optimal vorbereitet. Ich erinnere mich an die Tage, an denen unser Kapitän vor dem Spiel immer einen kurzen, prägnanten Spruch von sich gab – etwas in der Art von „Heute sind wir stärker als der Platz!" – „Die drei Punkte bleiben heute zu Hause!" und damit den ganzen Kader in den Bann zog. Solche Rituale sind mehr als nur Worte; sie wirken wie ein persönlicher Booster, der dich mit der nötigen Energie und Konzentration versorgt.

Auch individuelle Rituale haben ihren Platz, etwa das Anlegen eines bestimmten Armbands oder das Hören eines Lieblingssongs auf Kopfhörern, bevor du in den Aufwärmbereich trittst. Diese kleinen, persönlichen Marker signalisieren deinem Gehirn, dass es jetzt ernst wird – und helfen dir, in den Flow zu kommen, der während eines Spiels den Unterschied macht.

9.4 Umgang mit Niederlagen und Rückschlägen

Nicht jedes Spiel verläuft wie geplant, und Rückschläge sind in der Kreisliga so unvermeidlich wie Staub auf dem Spielfeld. Hier zeigt sich wahre mentale Stärke: der Umgang mit Misserfolgen. Es ist kein Zeichen von Schwäche, einen Rückschlag zu erleiden – vielmehr ist es eine Chance, zu lernen und zu wachsen. Vielleicht kennst du das Gefühl, nach einer verlorenen Partie in der Kabine zu sitzen und dich zu fragen, was schiefgelaufen ist. In solchen Momenten lehrt dich der Kreisliga-Geist, dass Niederlagen nicht das Ende bedeuten, sondern ein Ansporn sind, es beim nächsten Mal besser zu machen.

Eine Methode, um mit solchen Phasen umzugehen, ist das Reflektieren – aber nicht in Form von Selbstkritik, sondern als objektive Analyse. Was habe ich aus diesem Spiel gelernt? Welche Situationen kann ich zukünftig besser antizipieren? Solche Fragen helfen dir, konstruktiv mit Rückschlägen umzugehen. Zudem ist es hilfreich, sich bewusst zu machen, dass jeder Spieler – ob Profi oder Amateur – Niederlagen einstecken muss.

Gerade in der Kreisliga, wo die Bedingungen oft rauer sind als in der Bundesliga, ist der Zusammenhalt im Team und das gegenseitige Anfeuern nach einer Niederlage ein wesentlicher Bestandteil, um wieder in den Kampfmodus zu kommen.

9.5 Teamgeist und Motivation – Der Zusammenhalt im Kreisliga-Kader

Ein entscheidender Faktor für mentale Stärke ist der Teamgeist. In der Kreisliga ist es nicht ungewöhnlich, dass man nach einem harten Spiel gemeinsam in der Kabine sitzt, gegenseitig Ansporn gibt und mit Humor die zum Teil sehr absurd wirkenden Spielsituationen reflektiert. Der Zusammenhalt im Team macht den Unterschied zwischen einem Spieler, der sich im Alleingang quält, und einer Mannschaft, die sich gegenseitig in den Arm nimmt, wenn es hart auf hart kommt.

Diese kollektiven Erlebnisse – die gemeinsamen Siege, aber auch die Niederlagen – schaffen ein Band, das weit über das Spielfeld hinausgeht. Es sind die Gespräche, in denen ihr euch gegenseitig daran erinnert, dass es nicht um den einen Spieltag geht, sondern um den unerschütterlichen Glauben, morgen wieder stark zurückzukommen. In solchen Momenten zeigt sich der wahre Kreisliga-Geist: nicht nur der gemeinsame Ehrgeiz, sondern auch die Fähigkeit, sich gegenseitig zu motivieren und zu unterstützen. Persönliche Trainingspartner, spontane Motivationsreden in der Halbzeit oder sogar die einfachen Gesten, wie ein aufmunterndes Schulterklopfen, spielen dabei eine wichtige Rolle.

9.6 Persönliche Anekdoten und der unverwechselbare Kreisliga-Charme

Ich erinnere mich an einen besonders denkwürdigen Tag, als unser Torhüter in der Halbzeitpause, völlig außer Atem, mit einem verschmitzten Lächeln sagte: „Jungs, ich habe heute draußen mehr Sprintübungen gemacht als im Training – aber zumindest hat mir der Anblick eurer Gesichter den nötigen Energieschub gegeben!" Solche Momente, in denen Humor und Selbstironie den Ernst des Wettkampfs auflockern, prägen den Kreisliga-Alltag. Wir wissen, dass es Momente gibt, in denen der Kopf genauso schwer sein kann wie die Beine, und doch finden wir immer einen Weg, zueinander zu halten und uns gegenseitig aufzubauen.

Auch individuelle Geschichten von Spielern, die trotz Rückschlägen wieder aufgestanden sind – manchmal nach einem langen, harten Tag voller Selbstzweifel – zeigen, dass mentale Stärke nicht etwas ist, das man einfach hat, sondern etwas, das man sich Tag für Tag erarbeitet. Diese Anekdoten, die von nicht immer perfekten, aber stets kämpferischen Momenten erzählen, sind ein fester Bestandteil des gemeinsamen Gedächtnisses, das uns als Team zusammenschweißt und den Kreisliga-Charme ausmacht.

9.7 Fazit – Mit mentaler Brillanz zum Erfolg

Letztlich ist der unsichtbare Motor deines kreisliga-Fußballs dein Geist. Mentale Stärke und Motivation sind keine flüchtigen Eigenschaften, sondern Fähigkeiten, die du mit trainierst – Tag für Tag, Spiel für Spiel. Wenn du lernst, dich mental auf jedes Spiel vorzubereiten, Rückschläge als Lektionen anzusehen und den Teamgeist zu stärken, bist du nicht nur ein besserer Spieler, sondern auch ein stabilerer Mensch, der den Herausforderungen des Lebens begegnen kann.

Denke daran: Jeder, der einst in der Kreisliga stand, weiß, dass nicht jedes Spiel ein Triumph ist. Aber es ist der unerschütterliche Glaube, dass du jeden Rückschlag überwinden kannst – unterstützt von der Kraft eines starken Teams und der eigenen inneren Einstellung, der dich letztendlich weit bringt. Mit einem offenen Geist, einem klaren Kopf und einer ordentlichen Portion Kreisliga-Humor wirst du jeden Spieltag meistern und mit mentaler Brillanz ins nächste Kapitel deines Fußballlebens starten.

KAPITEL 10: SPIELTAKTIK & TEAMSTRATEGIE – DEIN SCHLACHTPLAN FÜR DEN KREISLIGA-KAMPF

Fußball in der Kreisliga ist weit mehr als das simple Weiterrennen auf dem Platz. Es ist eine Kunst, bei der jede Entscheidung, jede Positionsverlagerung und jedes taktische Signal in Bruchteilen von Sekunden über Sieg oder Niederlage entscheiden kann. Dieses Kapitel führt dich tief in die Welt der Spieltaktik und der Teamstrategie und zeigt dir, wie du mit klugen Schlachtplänen und einem harmonischen Zusammenspiel nicht nur die Gegner überraschst, sondern auch den eigenen Kreisliga-Alltag mit Schalk und Herz meisterst.

10.1 Warum Spieltaktik im Kreisliga so wichtig ist

In der Kreisliga erkennst du schnell: Es gibt kein vorgefertigtes Rezept, das immer funktioniert. Spieltaktik ist hier nicht vom akademischen Feinschliff eines Profitrainers abhängig, sondern lebt von dem Instinkt und der Improvisation der Spieler. Auf staubigen Plätzen, die oft mehr Matsch als

Rasen bieten, musst du in Sekundenbruchteilen erkennen, in welchem Moment dein Gegner ins Straucheln gerät und die Chance ergreifen, ihn auszuspielen.

Denk an jene Momente, in denen mitten im Chaos des Spiels eine blitzartige Positionsverlagerung nicht nur den Ball, sondern auch den Spielverlauf verändert hat. Hier zählt nicht nur, wie stark oder schnell du bist – es ist auch dein Gespür dafür, wann du den Raum nutzen musst und wann du lieber defensiv stehen bleibst, um eine Lücke zu schließen. Taktik ist in der Kreisliga das stille Sprachrohr, das dem ungeschliffenen Talent eine Richtung gibt. Sie sorgt dafür, dass selbst in der Hitze des Gefechts jeder Spieler seine Rolle kennt und spontan auf Veränderungen reagieren kann. Es ist dieser Mix aus Planung und Improvisation, der den Unterschied macht: Ein Spieler, der den Spielverlauf lesen kann, ruft nicht erst bei großen Problemen taktische Signale, sondern lebt sie – von der ersten Sekunde an.

Auch wenn du in der Kreisliga kein hochkomplexes Formationstheater aufführst, gibt es dennoch einfache, aber essenzielle taktische Prinzipien, die deinen Erfolg beflügeln.

Raumaufteilung und Positionsspiel: Stell dir vor, der Platz ist wie ein Puzzle, bei dem jeder Spieler ein besonderes Puzzleteil ist. Die clevere Aufteilung sorgt dafür, dass Passwege geschlossen und Lücken effektiv abgedeckt werden. Es gibt keine starren Linien, sondern flexible Systeme, in denen sich Spieler in Momenten der Offensive kreativ frei bewegen können. Gleichzeitig gilt: Ein Doppelpuffer in der Defensive verhindert, dass der Gegner zu leicht in den Raum eindringt. Oft reicht es, wenn jeder Spieler – ob Verteidiger oder Mittelfeldspieler – genau weiß, wann er stehen bleiben und wann er in die freie Zone rückt.

Pressing und Umschaltspiel: Das Pressing im Kreisliga-Alltag heißt, den Gegner ständig unter Druck zu setzen – nicht unbedingt mit ausgefeilten Pressing-Systemen, sondern mit der Leidenschaft, beim ersten Ballkontakt den Ball zurückzuerobern. Beim schnellen Umschalten – manchmal, nachdem der Gegner einen kurzen Fehler gemacht hat –

entscheidet sich das ganze Spiel. Hier gilt: Reaktive Schnelligkeit, kombiniert mit dem Wissen, wann man den Angriff einleiten muss, kann den Ballbesitz innerhalb von Sekunden umkehren.

Defensivordnung und kompakte Formation: Oft zeigt sich in der Kreisliga, dass weniger mehr ist: Eine kompakte Defensive, in der alle Spieler in kleinen Gruppen agieren, kann den Gegner schon im Vorfeld zermürben. Dies muss jedoch flexibel bleiben, damit beim Ballgewinn sofort in den Angriff gestartet werden kann. Hier spielen einfache, klare Signale und wiederholte Standardsituationen eine große Rolle.

Insgesamt bilden diese Grundlagen das Rückgrat der taktischen Überlegungen, auch wenn es nicht der feine Schachzug eines Weltmeisters ist – vielmehr ist es die pragmatische, bodenständige Herangehensweise, die uns in der Kreisliga täglich überzeugt.

Kein Schlachtplan funktioniert, wenn das Team nicht miteinander spricht. In der Kreisliga, wo die Einsatzzeiten oft knapp und die Bedingungen rau sind, entscheidet gute Kommunikation oft über den Spielausgang.

Stell dir vor, du befindest dich in einem intensiven Zweikampf, die Zeit scheint stillzustehen, und plötzlich ruft dir ein Mitspieler in klaren, prägnanten Worten den Tipp: „Bin dabei!" Diese kurzen Worte sind mehr als nur Lautäußerungen – sie sind der Funke, der das organisatorische Feuer entfacht. Ob in der Halbzeit oder in chaotischen Spielphasen: Die Fähigkeit, sich in Sekundenbruchteilen abzusprechen, hilft, das Spiel in geordnete Bahnen zu lenken.

In unseren Kreisliga-Kabinen gab es oft spontane Meetings, in denen der Kapitän oder auch einfach nur ein erfahrener Spieler den Spielplan rekapitulierte. Solche Momente, sei es ein kurzer Kreis im Vorfeld des Anpfiffs oder ein improvisierter Call während eines Rückzugs, sind das, was den Teamgeist schweißt. Es geht nicht nur um Taktik, sondern um Vertrauen – das Vertrauen darauf, dass jedes Teammitglied seine Aufgabe kennt und in der hitzigsten Situation zusammenhält. Dieses Miteinander sorgt dafür, dass der Zusammenhalt auch dann wirkt, wenn der Gegner unerwartet Druck macht.

Das Zusammenspiel aus schnellen Rufen, Blicken und sogar Gesten – manchmal auch ein einfaches Schulterklopfen – ist in der Kreisliga fast schon ein Ritual, das den Teamgeist feiert. Es zeigt, dass jeder Erfolg und Misserfolg geteilt wird und jeder Rückschlag als Ansporn dient, zusammen noch stärker zurückzukommen.

10.4 Individuelle Freiheit vs. kollektiver Schlachtplan

In der Kreisliga sind die Charaktere so bunt wie die Trikots auf dem Spielfeld. Jeder Spieler bringt seine eigene Handschrift ins Spiel – sei es ein unerwartetes Dribbling, ein spektakulärer Pass oder der Mut, einmal für sich zu entscheiden, wenn der Moment danach schreit.

Die Herausforderung für den Trainer und das Team besteht darin, diesen individuellen Freiraum zu bewahren, ohne dass der kollektive Plan verwässert wird. Es ist ein ständiger Balanceakt: Einerseits soll jeder Spieler die Freiheit haben, spontan kreative Lösungen zu finden, andererseits muss das Team als Einheit strukturiert und zielgerichtet agieren. Oft werden hierbei einfache, offene Systeme bevorzugt, in denen die Grundstruktur – etwa eine kompakte Defensive – vorgegeben ist, aber im offensiven Spiel jeder seine persönliche Note einbringen darf.

Die Konsequenz daraus ist, dass taktische Anweisungen nicht dogmatisch und starr sein müssen. Vielmehr wirken sie wie ein Rahmen, in dem jeder seine Stärken optimal zum Ausdruck bringen kann. Ein Spiel in der Kreisliga wird so zum lebendigen Mosaik aus individuellen Glanzleistungen, die dank des gemeinsamen Plans zu einem organisierten und schlagkräftigen Gesamtkunstwerk verschmelzen.

Wir sprechen oft darüber, dass es in der Kreisliga manchmal nicht der eine Spagat ist, der zählt, sondern das harmonische Zusammenspiel all dieser kleinen Momente – das ist die wahre Magie, wenn individuelle Freiheiten und der kollektive Schlachtplan sich verbinden.

10.5 Der Einfluss des Trainers und die Rolle der Führung

Der Trainer in der Kreisliga ist oft mehr als nur ein Taktikfuchs – er ist der Fels in der Brandung, der die Mannschaft zusammenhält, wenn der Ton mal rauer wird und die Bedingungen alles andere als perfekt sind.

Ein guter Trainer weiß, dass Taktik nicht nur auf dem Papier existiert, sondern in den harten Trainingseinheiten, in den hitzigen Gesprächen in der Kabine und in den stillen Momenten vor einem Spiel entsteht. Er ermutigt dich, dich frei zu entfalten, schenkt dir aber gleichzeitig den nötigen Rahmen, damit du nicht in Chaos ausbrichst.

Ich erinnere mich an einen Trainer, der es verstand, selbst in den stressigsten Phasen kleine Pausen für den Teamgeist einzubauen. Mit einfachen, aber kraftvollen Worten und kurzen, prägnanten Ansagen – sei es während eines Trainings oder in der Halbzeit – konnte er die Mannschaft immer wieder auf den Kurs bringen. Er war es auch, der uns beibrachte, dass es im Spiel nicht nur darum geht, technisch perfekt zu spielen, sondern auch darum, immer bereit zu sein, Verantwortung zu übernehmen und den Mitspielern den Rücken zu stärken.

Die Führungspersönlichkeit eines Trainers zeigt sich oft darin, wie er mit Fehlern umgeht: Kritik wird niemals persönlich genommen, sondern als gemeinsamer Lernprozess gesehen. Sein Einsatz, die Mannschaft zu motivieren, schafft ein Klima, in dem jeder das Gefühl hat, Teil von etwas Größerem zu sein – was im harten Kreisliga-Alltag oft der Schlüssel zum Erfolg ist.

10.6 Persönliche Anekdoten und der unverwechselbare Kreisliga-Charme

Kaum ein Spiel in der Kreisliga bleibt ohne Anekdote. Ich erinnere mich an einen Nachmittag, als unser Trainer in der Halbzeit plötzlich an der Seitenlinie stand, die Arme verschränkt und mit ernster Miene verkündete: „Heute haben wir keine Zeit für Taktikvorträge – wir müssen einfach nur zusammenhalten!" Kurz darauf kam es zu einer chaotischen Situation, in der ein Spieler versehentlich in die falsche Richtung sprintete und die gegnerische Mannschaft fast einen schnellen Konter startete. Der Trainer ließ es locker ab und rief:

„Na, jetzt tanzt du eben aus der Reihe – aber zeig uns, wie du es wieder in die richtige Formation bringst!"

Solche humorvollen Momente, in denen jeder Fehler mit einem Augenzwinkern quittiert wird, prägen den unverwechselbaren Geist der Kreisliga. Es geht nicht nur um Taktik, es geht um gemeinsame Erlebnisse, aus denen Erinnerungen werden – Geschichten, die man in der Kabine bei einem kalten Bier immer wieder aufs Neue erzählt. Diese Anekdoten sind es, die den Zusammenhalt fördern, das Selbstvertrauen stärken und dafür sorgen, dass selbst aus taktischen Pannen etwas Positives entsteht. Sie zeigen, dass es weniger um das Einhalten starrer Spielpläne geht, sondern darum, zusammen als Team alles zu geben und auch in schwierigen Momenten niemals den Humor zu verlieren.

10.7 Fazit – Mit kluger Taktik und Teamgeist zum Sieg

Zusammenfassend zeigt sich, dass die Spieltaktik im Kreisliga-Fußball weit mehr ist als nur eine Aneinanderreihung von Formationen und Laufwegen. Es ist der unsichtbare Faden, der all deine individuellen und kollektiven Stärken zusammenführt. Mit einer klugen, flexiblen Strategie, die Raum für Kreativität lässt, und einem Team, das über hervorragende Kommunikation, gegenseitiges Vertrauen und unerschütterlichen Zusammenhalt verfügt, wirst du nicht nur als Spieler glänzen, sondern als ganze Mannschaft.

Der Schlüssel liegt darin, immer weiter an dir zu arbeiten – sowohl als Individuum als auch im Team. Lerne, aus Fehlern zu lernen, und nutze jeden taktischen Impuls, um deine Stärken hervorzubringen. Mit einem Trainer, der dich inspiriert, und einem Team, das dich bedingungslos unterstützt, wirst du immer wieder die Schlüsselmomente im Spiel kreieren, in denen du und deine Mitspieler den entscheidenden Unterschied macht.

Es sind diese Momente, in denen der Kreisliga-Charme voll zur Geltung kommt: Wenn trotz unerwarteter Hürden der Glaube an das eigene Team standhält und jeder Zweikampf, jeder schnelle Pass und jede Abwehraktion mit Leidenschaft gefüllt ist. Die taktische Weisheit, die du in solchen Stunden entwickelst, wird dir nicht nur auf dem Platz, sondern auch im Leben weiterhelfen – denn letztlich geht es darum, in jeder Situation den Überblick zu behalten und zusammen immer wieder aufzustehen.

Mit diesem Kapitel hast du einen umfassenden Einblick in die taktischen Feinheiten und den Teamgeist erhalten, die den Kreisliga-Fußball so unverwechselbar machen. Hier wird gezeigt, dass Erfolg nicht allein durch individuelle Glanzmomente erzielt wird, sondern vor allem durch eine harmonische Abstimmung von Strategie, Kommunikation und Zusammenhalt – mit einer ordentlichen Portion Humor und dem unerschütterlichen Glauben daran, dass man gemeinsam alles erreichen kann.

Fußball im Kreisliga-Alltag ist oft ein Kopf-an-Kopf-Duell, bei dem es nicht allein um rohe Kraft oder körperliche Überlegenheit geht – es ist die Technik, das feine Gespür für den Ball, das Improvisationstalent in brenzligen Situationen und die Fähigkeit, scheinbar unüberwindliche Hindernisse mit Eleganz und Kreativität zu umgehen. Technik ist das, was aus einem guten Spieler einen Großartigen macht. Sie ist der alltägliche Zauber, der dich in den Augen deiner Mitspieler und sogar deiner Gegner unvergesslich macht. Und genau hier beginnt der Feinschliff: Mit jedem Zentimeter Ballkontrolle, jedem präzisen Pass und jedem genial getimten Dribbling wächst nicht nur dein Selbstvertrauen, sondern auch das Ansehen deiner Persönlichkeit auf dem Platz.

In der harten Welt der Kreisliga, wo das Spielfeld häufig eher einer improvisierten Turnhalle als einem perfekt gemähten Rasen ähnelt und jeder Zentimeter Körperkontakt in brenzligen Zweikämpfen ausgetragen wird, ist die Technik dein wichtigster Verbündeter. Du erinnerst dich sicher an jene Momente, in denen ein unerwarteter, raffinierter Trick – ein flinker Fintenwechsel, ein plötzlich angebrachtes Übersteiger-Manöver – den Spielverlauf auf den Kopf stellt. Genau diese Augenblicke spielen sich ab, wenn du mit deinem Ball fast in einer Fusion verschmilzt, als wäre er ein natürlicher Teil deines Fußes.

Technik ist mehr als nur das Erlernen standardisierter Bewegungsabläufe. Sie ist ein tief verwurzeltes Gefühl, das du dir erst durch ständiges Training aneignest. Jeder noch so kleine Fehler oder jede Unachtsamkeit kann dazu führen, dass der Ball verloren geht oder der Gegner sich einen entscheidenden Vorteil verschafft. In der Kreisliga, wo Trainer manchmal weniger aus dem Lehrbuch zitieren und mehr aus dem Bauchgefühl heraus entscheiden, ist es deshalb umso wichtiger, dass du den Ball meisterhaft beherrschst. Genau das gibt dir den entscheidenden Kick, um in kritischen Situationen nicht nur mitzuhalten, sondern das Spiel zu kontrollieren und zu lenken.

11.2 Grundlagen der fußballspezifischen Technik

Die Basis jeder technischen Finesse baut auf soliden Grundlagen auf. Es geht um weit mehr als nur das reine Laufen mit dem Ball – es ist ein ständiges Feilen an den Details:

Ballkontrolle: Stell dir vor, der Ball wird zu deiner Verlängerung. Ein sauberer Erstkontakt, ob per Fuß, Brust oder sogar Oberschenkel, entscheidet oft über den weiteren Spielverlauf. Du musst in der Lage sein, den Ball auch unter Druck ungestört zu führen. Das erfordert, dass du übst, den Ball stets in engem Kontakt zu halten, ohne dabei an Tempo einzubüßen.

Häufige Übung: Jonglier- und Ballgefühlstraining – Beginne mit einfachen Jonglierübungen, um ein Gefühl für den Ball zu entwickeln, und steigere dann die Schwierigkeit, indem du den Ball abwechselnd mit beiden Füßen kontrollierst.

Dribbling: Hier dreht sich alles um Bewegung, Kreativität und Geschwindigkeit. Es geht darum, den Ball nicht nur in gerader Linie zu führen, sondern in engster Verteidigungsgasse plötzlich Richtungswechsel zu vollführen. Bei einem gelungenen Dribbling faszinierst du nicht nur dein Publikum, sondern bringst auch den Gegner ins Stocken.

Tipp: Versuche, in engen Parcours mit Hütchen oder improvisierten Markierungen zu üben, um die Kontrolle in engen Kurven zu verbessern und dabei auch den Blick für die nächste Spielaktion zu schärfen.

Präzises Passspiel: Ein guter Pass ist der Startschuss für viele erfolgreiche Spielzüge. Es geht darum, den Ball mit dem richtigen Tempo und der optimalen Flugkurve zu platzieren, sodass dein Mitspieler ihn sicher annehmen kann. Gute Pässe eröffnen Räume und schaffen Chancen – hier zählt das Zusammenspiel aus Antizipation, Timing und Technik.

Übungen: Spiele in kleinen Gruppen, bei denen das Passspiel in Bewegung geübt wird. Variiere dabei: kurze, präzise Flachpässe und länger gezielte Bälle, die den Ballbesitz in schnelle Kombinationen verwandeln.

Schießen und Abschluss: Der Abschluss aus der Distanz oder im schnellen Zusammenspiel zeigt, wie gut du deine Technik in kritischen Momenten abrufen kannst. Es geht nicht nur um Kraft, sondern vor allem um Präzision und Variation. Ein gut getimter Abschluss, bei dem der Schuss in den Winkel platziert wird, kann selbst den Besten unter den Torhütern zur Verzweiflung bringen.

Übung: Trainiere unterschiedliche Abschlussstile – von direkten Vollspann-Schüssen bis hin zu platzierten Schüssen mit Effet. Belaste hierbei auch einmal den schwächeren Fuß, um deine Bilateralität zu stärken.

Ballan- und -mitnahme: Der erste Kontakt mit dem Ball entscheidet oft über die restliche Aktion. Eine saubere Ballan- und -mitnahme verschafft dir den nötigen Raum und Zeit, um die nächste Bewegung einzuleiten. Dies erfordert viel Übung darin, den Ball gerade in hektischen Spielsituationen kontrolliert zu empfangen.

Tipp: Führe Übungen durch, bei denen ein Partner den Ball zufällig zu dir spielt, sodass du lernst, schnell und flexibel auf verschiedene Flugbahnen zu reagieren.

Diese Grundlagen bilden den Bauplan deiner technischen Ausbildung – je besser du sie beherrschst, desto einfacher wird es dir fallen, deinen eigenen, unverwechselbaren Stil zu entwickeln.

11.3 Individuelle Trainingsmethoden für technische Perfektion

Jeder Spieler entwickelt seinen eigenen, oft ganz unverwechselbaren Stil – und genau hier kommt das individuelle Techniktraining ins Spiel. Anders als standardisierte Konditionseinheiten, bei denen oft nur die Quantität zählt, dreht sich hier alles um Qualität und Wiederholung:

Dribbling-Parcours: Baue dir einen Parcours aus Hütchen, Stangen oder improvisierten Markierungen auf dem Platz auf. Übe, den Ball so eng wie möglich am Fuß zu führen, dabei schnelle Richtungswechsel zu vollführen und den Ball auch inmitten von Druck zu halten. Mit wiederholten Durchläufen wirst du allmählich sicherer und kannst auch in Spielsituationen deine individuellen Tricks abrufen.

Passen in dynamischen Spielsituationen: Das Ziel ist es, die Balance zwischen Passgenauigkeit und schnellem Umschalten zu erlernen. Spiele in kleinen Gruppen, bei denen der Ball in Bewegung gehalten werden muss, fördert sowohl deine räumliche Wahrnehmung als auch deine Kommunikationsfähigkeiten. Variiere die Intensität der Pässe – manchmal ist ein sanfter, präziser Pass gefragt, ein andermal ein schnell anspielender Ball, der direkt in den Raum gespielt wird.

Abschlusstraining unter Zeitdruck: Setze dir enge Zeitlimits, in denen du den Ball aus verschiedenen Positionen zum Abschluss bringen musst. Übe, unter Druck zu schießen und dabei verschiedene Techniken – etwa Volleys, Halbvolle oder Heber – gekonnt zu kombinieren. Diese Übungen schärfen dein Timing und deine Entscheidungsfähigkeit in kritischen Situationen.

Ballgefühl- und Jongliertraining: Auch wenn es auf den ersten Blick simpel erscheinen mag, wird durch regelmäßiges Jonglieren dein Ballgefühl drastisch verbessert. Beginne mit einfachen Jonglierübungen und steigere langsam die Komplexität, indem du den Ball immer wieder unterschiedlich sanft und mit beiden Füßen kontrollierst. Es geht darum, dass sich der Ball mit deinem Körper synchronisiert – ein unsichtbares

Band, das dir in brenzligen Spielsituationen den entscheidenden Vorteil verschafft.

Diese individuellen Trainingsmethoden erlauben es dir, dich selbst immer wieder neu herauszufordern und deine Schwächen gezielt zu verbessern. Dabei ist Ausdauer im Techniktraining ebenso wichtig wie das bewusste Analysieren deiner Bewegungen. Vielleicht nimmst du dir auch die Zeit, Videoaufnahmen zu machen – so kannst du deine Fortschritte sehen und aus Fehlern lernen, sehr im Sinne des Kreisliga-Geists, der niemals perfekt sein will, aber ständig an sich arbeitet.

11.4 Integration von Techniktraining in den Kreisliga-Alltag

In der Kreisliga ist nicht immer alles perfekt geplant – doch gerade hier zeigt sich, wie man mit Kreativität und Improvisation den Trainingsalltag bereichert. Die Herausforderung besteht darin, Techniktraining in den ohnehin vollen Trainingsplan einzubinden, ohne dass es wie eine lästige Pflicht wirkt.

Viele Trainer setzen auf fußballspezifische Spielformen, die Technik und Taktik gleichzeitig fördern. So gibt es Übungen, bei denen du in kleinen Teams den Ballbesitz erzwingen musst – hier wird deine Dribbling-Fähigkeit, deine Pässe und dein Spielverständnis gleichzeitig trainiert. Diese Einheiten sorgen außerdem dafür, dass du nicht aus dem Rhythmus kommst, sondern stets in einer Spielähnlichen Situation übst.

Ein weiterer wichtiger Aspekt ist die individuelle Zielsetzung:

- Setze dir konkrete, messbare Ziele – etwa, in welchem Zeitintervall du deine Jonglierzahl verbessern möchtest oder wie viele präzise Pässe du in einer Übung absolvieren willst.
- Schaffe dir persönliche Herausforderungen, etwa indem du bewusst den schwächeren Fuß in den Vordergrund rückst oder bestimmte Tricks gezielt in dein Spiel integrierst.
- Nutze kurze Technikphasen als Aufwärmprogramm, sodass du bereits vor dem eigentlichen Training einige Minuten in virtueller „Meisterklasse" verbringst.

Diese Integration gelingt am besten, wenn Techniktraining als natürlicher Bestandteil des gesamten Trainingskonzepts gesehen wird – nicht als eigenständiger Block, sondern als eine kontinuierliche, fortlaufende Verbesserung all deiner Spielzüge.

11.5 Persönliche Anekdoten und der unverwechselbare Kreisliga-Charme

Der Kreisliga-Fußball ist reich an Geschichten, in denen Technik den Unterschied machte – und oft auch den einen oder anderen Lacher erntete. Ich erinnere mich an einen Nachmittag, als unser „Technikkünstler" – nennen wir Ihn Sven - in einem hitzigen Spiel einen, wie soll ich sagen, unerwartet eleganten Move präsentierte: Mit einem schnellen Übersteiger ließ er zwei Verteidiger nackt stehen, während er den Ball wie ein Tänzer führte – nur um dann in einem fast schon komischen Stolpern fast den Ball zu verlieren. Die Kabine brach in schallendes Gelächter aus, und Sven wurde liebevoll „der elegante Tollpatsch" genannt. Trotz des lustigen Vorfalls war dies der Moment, der uns allen zeigte, wie wichtig es ist, den Ball nicht nur zu kontrollieren, sondern auch mit ein bisschen Improvisation und Humor an den eigenen Bewegungen zu arbeiten.

Ein anderes Mal, in einem Training, wo wir gerade an unseren Jonglierfähigkeiten feilten, schaffte es ein

Neuling – frisch aus der Jugend – ebenfalls, den Ball so konstant zu jonglieren, dass er nicht einmal bemerkte, wie sehr er alle anderen herausforderte. Mit einem breiten Grinsen, das den ganzen Platz erhellte, erkannte er schließlich, dass Technik manchmal einfach Spaß sein darf und muss. Diese Geschichten, voller kleiner Patzer und großer Triumphe, sind es, die den unverwechselbaren Kreisliga-Charme ausmachen und uns helfen, auch in schweren Zeiten den Glauben an uns selbst nicht zu verlieren.

11.6 Fazit – Mit Technik und Kreativität über dich hinauswachsen

Letzten Endes ist dein fußballspezifisches Techniktraining nicht nur das Mittel, um den Ball besser zu beherrschen – es ist der Schlüssel, um dein gesamtes Spiel zu revolutionieren. Mit jeder präzisen Bewegung, jedem gut getimten Dribbling und jedem durchdachten Pass wächst du als Spieler und als Mensch. Du lernst, aus kleinen Fehlern große Lektionen zu ziehen, deinen eigenen Stil zu kultivieren und das Beste aus deinen individuellen Fähigkeiten herauszuholen.

Technik ist der Feinschliff, der dein Spiel zu einem Kunstwerk macht – und in der rauen, unverblümten Welt des Kreisliga-Fußballs gleicht dieser Feinschliff oft der Differenz zwischen einem ansehnlichen Auftritt und einem entscheidenden Gamechanger. Mit Hingabe, regelmäßiger Wiederholung und dem unverwechselbaren Humor, der unsere kleine Fußballfamilie ausmacht, wirst du nicht nur dein eigenes Spiel verbessern, sondern auch den Zusammenhalt im Team stärken. Denn letztlich zeigt sich: Jeder präzise Pass, jede innovative Bewegung und jede kleine Verbesserung an der eigenen Technik führen zu einem Spiel, das nicht nur effektiver, sondern auch voller Leidenschaft und Kreativität ist.

KAPITEL 12: LANGFRISTIGER ERFOLG UND NACHHALTIGKEIT IM KREISLIGA-FUßBALL – WIE DU AUS LEIDENSCHAFT EIN LEBEN MACHST

Dieses Kapitel verbindet alle Elemente, die den Weg eines Kreisliga-Spielers prägen: die tägliche Leidenschaft, unermüdliche Trainingsarbeit, den unerschütterlichen Glauben an den Teamgeist und – nicht zuletzt – die unvergesslichen, manchmal skurrilen Erlebnisse, die diesen Weg so lebendig machen.

12.1 Die Bedeutung von Kontinuität und Leidenschaft

Erfolg in der Kreisliga ist kein Sprint, sondern ein langer, verschlungener Marathon. Es sind nicht die glanzvollen Profiszenen, die über Nacht passieren, sondern die unzähligen, kleinen Momente, in denen du – trotz Schlamm, Regen oder einem verschlissenen Platz – immer wieder aufstehst. Jeden Morgen, wenn du deine Fußballschuhe schnürst, trägst du nicht nur dein Outfit, sondern auch deine Leidenschaft in die Tasche.

Erinnere dich an jene frostigen Morgen, an denen du dich im Halbschlaf über den knarrenden Vereinsflur kämpftest und dennoch schon jetzt daran glaubtest, dass der heutige Spieltag der Tag ist, an dem du endlich deine Lieblingsposition auf dem Platz einnimmst – auch wenn der Rasen mehr Löcher als Gras hat. Es sind diese kleinen Herausforderungen, die dich lehren: Es geht nicht nur um Technik oder Taktik, sondern um den unermüdlichen Glauben an dich selbst, auch nach einem verschossenen Elfmeter, wenn der Ball weit über das Tor fliegt und selbst der Trainer mit einem schiefen Grinsen sagt: „Naja, wenigstens wissen wir jetzt, wie es nicht klappt und wer die nächste Kiste Bier zahlt".

Für langfristigen Erfolg ist der Schlüssel, jeden Rückschlag als Ansporn zu sehen. Die Niemandsland-Phasen zwischen den Spielen, die blutigen Trainingseinheiten im Regen, und die Stunden im Studio, in denen du dich selbst verbesserst – all das baut deine innere Stärke auf. Es ist diese Kontinuität, das stete Feuer der Leidenschaft, das dich befähigt, auch in den härtesten Momenten nicht aufzugeben und aus Fehlern zu lernen. Die Kreisliga lehrt dich, dass jedes Unvermögen, sei es ein missglückter Pass oder eine verpatzte Grätsche, dich nur demütiger und entschlossener macht, am nächsten Tag wieder alles zu geben.

12.2 Integration aller Trainingsbereiche - Die Symphonie deines Erfolgs

Stell dir vor, dein Trainingsalltag ist wie eine gut einstudierte Symphonie, bei der jede Disziplin – Technik, Taktik, Kondition, mentale Stärke, Regeneration und Ernährung – ihre eigene Melodie spielt. Doch erst wenn diese Melodien harmonisch zusammenspielen, entsteht ein kraftvolles Gesamtbild, das dein Spiel nicht nur verbessert, sondern dich als Spieler auch nachhaltig formt.

Nimm zum Beispiel den Morgen, an dem du mit einem dynamischen Aufwärmprogramm startest: Ein paar lockere Sprints, gefolgt von dynamischen Dehnübungen und kurzen Ballgewöhnungs-Drills, die nicht nur deinen Körper, sondern auch deinen Geist in Schwung bringen. Danach folgst du vielleicht einem intensiven Technik- und Taktiktraining, bei dem der Fokus auf präzisem Passspiel, schnellen Richtungswechseln und der richtigen Raumaufteilung liegt. Aber damit hört es nicht auf – nach dem Training beginnt die Regeneration: Eine wohltuende Cool-Down-Phase, begleitet von Faszienrollen, einem kurzen Eisbad an heißen

Tagen und natürlich einer ausgewogenen Mahlzeit, die sicherstellt, dass dein Körper den nötigen Treibstoff erhält.

Das Besondere ist, dass all diese Bereiche nicht als isolierte Module existieren. Sie sind miteinander verwoben. Ein gutes Ernährungskonzept unterstützt deine Trainingsleistung, während gezielte Regeneration dir erlaubt, am nächsten Tag wieder frischer und leistungsfähiger zu sein. Die Kreisliga lehrt dich, immer flexibel zu bleiben: Wenn die Trainingsbedingungen mal suboptimal sind, findest du Wege, auch in der Vereinsküche oder in der bescheidenen Turnhalle die Harmonie zwischen all diesen Elementen aufrechtzuerhalten. Es sind diese unscheinbaren Routinen – der morgendliche Kaffee und eine Portion Haferflocken, das gemeinsame Cool-Down in der Kabine und die lockeren Gespräche über den nächsten Trainingstag – die dich auf lange Sicht formen.

12.3 Teamgeist und persönliche Entwicklung – Das Fundament für eine nachhaltige Karriere

In der Kreisliga wirst du nicht nur als Individuum, sondern als Teil eines großen Ganzen geschmiedet.

Was oft als Herzstück des Erfolgs gilt, ist der Teamgeist – das unausgesprochene Band, das auch in den stürmischsten Zeiten dafür sorgt, dass alle gemeinsam wieder aufstehen.

Erinnere dich an jene legendären Ansprachen nach dem Spiel, in denen der Kapitän, mit funkelnden Augen und einem halb ernsten, halb humorvollen Ton, verkündete: „Heute haben wir vielleicht das Spiel verloren, aber wir haben niemals unseren Teamgeist aufgegeben!" Diese Worte hallen noch lange in den Erinnerungen nach und sind mehr als nur leere Phrasen – sie sind das Versprechen, dass jeder Fehler, jeder Patzer, jedem verschossenen Elfmeter einen Platz in der Geschichte des Teams hat.

Die persönliche Entwicklung als Spieler ist untrennbar mit dem kollektiven Erfolg verbunden. Jeder von uns bringt andere Stärken und Schwächen mit. In der Kreisliga lernst du, dass du nicht der sein musst, der immer perfekt spielt – stattdessen zählt der Mut, aus jeder Situation zu lernen und über dich hinauszuwachsen. Es gibt Trainer, die nie langweilige Theorie predigen, sondern mit einem Augenzwinkern Geschichten von ihren eigenen anfänglichen Patzern erzählen – Geschichten, in denen sogar der größte Versager zu einem unvergesslichen Helden werden kann, wenn er sich nur immer wieder aufrafft. Diese Anekdoten sind der Brennstoff, der den Teamgeist am Leben erhält und dafür sorgt, dass du nicht nur als Spieler wächst, sondern auch als Mensch.

12.4 Praxisbeispiele und der Kreisliga-Alltag

Der Kreisliga-Alltag ist gespickt mit Geschichten, die einem den Kopf schütteln und gleichzeitig das Herz erwärmen:

Der verschossene Elfmeter: Es gibt diesen einen Spieler, der in einem entscheidenden Spiel den Elfmeter nicht nur verfehlte – der Ball flog in einem eleganten Bogen weit über das Tor. Statt den Kopf hängen zu lassen, klopften ihn seine Mitspieler liebevoll auf die Schulter, und in der Kabine wurde daraus eine Legende. Fortan wurde er scherzhaft „Elfmeter-König" genannt, und jedes Mal, wenn er den Ball vertrat, hörte man lautes Gelächter, begleitet von lauten Zusprüchen: „Zeig uns deinen magischen Zauber, König!"

Die legendäre Kabinenansprache: An einem verregneten Nachmittag, als das Spiel in der zweiten Halbzeit bittere Wendungen nahm, stand unser

Kapitän vor der klatschnassen Mannschaft und sagte mit durchdringender Stimme: „Jungs, heute haben wir vielleicht das Spiel verloren, aber niemals unseren Kampfgeist. Wenn wir jetzt richtig zusammenhalten, kommen wir zurück – und dann feiern wir, als gäbe es kein Morgen mehr!" Diese Ansprache, die sowohl Tränen als auch Lacher auslöste, wurde zu einem Symbol des Zusammenhalts – ein Moment, der jede Niederlage in einen Ansporn verwandelte.

Die unkonventionellen Platzverhältnisse und der Zuschauercharme: Wer schon einmal auf einem Platz gespielt hat, der so uneben war, dass der Ball an einer Stelle sprang wie ein verrückter Flummi – und daneben eine treue, manchmal schräge Fangemeinde saß, die mit Spott und liebevoller Kritik jeden Fehler kommentierte – dem ist klar, dass hier die Kreisliga in seiner reinsten Form lebt. Es sind diese Tage, an denen ein schief gepflegter Rasen den Spielverlauf bestimmt, und in denen jeder Pass und jede Grätsche eine eigene Geschichte erzählt.

Erfahrungsberichte von Spielern und Trainern: Viele unserer Schicksale in der Kreisliga werden von den Geschichten derer geprägt, die vor uns gespielt haben. Ein alter Trainer, der immer erzählte, wie er einmal in der 90. Minute mit einem unglaublichen Sprint den Ball eroberte und damit das Spiel rettete

– oder ein Veteran, der von seinen ersten Tagen im Amateurfußball berichtete, als es noch hieß „Schweiß, Blut und Bier" – oder der Torwart der in der 95. Minute zum Eckball nach vorne ging und den Ausgleich schoss - all das sind Erinnerungen, die dich inspirieren und motivieren, nicht nur dein Spiel, sondern auch dich selbst kontinuierlich zu verbessern.

Diese lebendigen Geschichten, oft gewürzt mit einer ordentlichen Portion Humor und Selbstironie, sind das Herz und die Seele der Kreisliga. Sie erinnern dich daran, dass jeder Spieltag, jede Trainingsstunde und jede gemeinsame Kabinengeschichte ein Baustein auf deinem Weg ist – ein Weg, der dich nicht nur als Fußballer, sondern auch als Teil einer großen, bunten Gemeinschaft wachsen lässt.

12.5 Ausblick – Wie du aus der Kreisliga-DNA ein

Leben machst

Die Kreisliga ist mehr als nur eine Sportart – sie ist ein Lebensgefühl, das dich ein Leben lang begleitet. Auf dem Platz lernst du nicht nur, wie man Tore schießt oder verteidigt, sondern vor allem, wie man auch in den schwierigsten Momenten weiterkämpft.

Dieses Lebensgefühl entsteht aus den täglichen Herausforderungen: den morgendlichen Trainingseinheiten im Regen, den spontanen Trainingsszenen in der Vereinsküche und den langen Gesprächen in der Kabine, in denen über Siege und Niederlagen gleichermaßen philosophiert wird. Die Kreisliga-DNA steckt in jeder Panne, in jedem misslungenen Trick und in jedem feierlichen Lachen und in jedem verschossenen Elfmeter.

Langfristig geht es darum, aus all diesen Erfahrungen ein Fundament zu bauen, das dich nicht nur als Spieler, sondern als Mensch stärkt. Du erkennst, dass die wahren Lehren im Amateurfußball in den unscheinbaren, manchmal schmerzhaften Momenten liegen – und dass es diese, die dich prägen und formen. Du gehst mit jedem Spiel, mit jeder gemeinsamen Kabinengesprächsrunde und mit jeder Trainingseinheit einen Schritt weiter und nimmst diese Erfahrungen mit in dein weiteres Leben.

Ob du es glaubst oder nicht – die Kreisliga wird dich lehren, wie man sowohl in Sieg als auch in Niederlage großartig bleibt. Und während du vielleicht nie den schnellen Ruhm oder die großen

Honorare abstauben wirst, wirst du etwas viel Wertvolleres erlangen: eine Lebensphilosophie, die auf Leidenschaft, Zusammenhalt und der ständigen Bereitschaft basiert, immer wieder neu anzufangen.

12.6 Fazit – Aus Leidenschaft wird nachhaltiger Erfolg

Letztlich zeigt sich, dass der wahre Erfolg im Kreisliga-Fußball nicht an Trophäen oder Medaillen gemessen wird, sondern an der unbändigen Leidenschaft, die du jeden Tag aufs Neue entfachst. Es ist die kontinuierliche Arbeit an dir selbst, das Streben nach Verbesserung – begleitet von all den lustigen, kuriosen und manchmal schmerzhaften Momenten, die dir das Herz aufgehen lassen, die den Weg zum nachhaltigen Erfolg ebnet.

Jeder verschossene Elfmeter, jede legendäre Kabinenansprache und jede überraschende Wendung auf dem Platz ist ein Baustein in der Geschichte, die du schreibst. Mit einem klaren Fokus, der Bereitschaft, auch mal über dich selbst zu lachen, und dem festen Glauben an den Teamgeist wirst du nicht nur als Spieler wachsen, sondern auch als Mensch erstrahlen.

Aus der unerschütterlichen Kreisliga-DNA – die geprägt ist von Schweiß, Humor, Zusammenhalt und dem unaufhörlichen Streben nach Verbesserung – wird ein Leben, das weit über den Fußballplatz hinausreicht. Nutze jede Erfahrung, feiere die kleinen Erfolge, lerne aus den Fehlern und behalte stets deinen unvergleichlichen Charme und Selbstironie. Denn genau das macht dich aus: Als Spieler, als Teil einer Gemeinschaft und als jemand, der weiß, dass aus Leidenschaft nachhaltiger Erfolg wird.

KAPITEL 13: DEIN ULTIMATIVES TRAININGSPROGRAMM – ÜBUNGEN FÜR ALLE ATHLETISCHEN BEREICHE

13.1 Schnelligkeit – Explosiv starten, maximal beschleunigen, Kreisliga-Sprinter werden

Wir alle kennen den klassischen Kreisliga-Antritt: Ein Spieler sprintet gefühlt mit Lichtgeschwindigkeit los – in der Hoffnung, den Ball zu erreichen –, nur um nach 10 Metern festzustellen, dass die Beine nicht so recht mithalten. Mit mühsam röchelndem Atem folgt dann das obligatorische „Boah, ich dachte, ich wäre schneller" in der Kabine. Schnelligkeit ist eine der wichtigsten Fähigkeiten im Fußball, aber sie kommt nicht von allein – sie braucht Training, Technik und die richtige Mischung aus Explosivität und koordinativer Kontrolle.

Gerade in der Kreisliga kann man mit Schnelligkeit viel kompensieren. Die schönste Ballannahme hilft wenig, wenn der Gegner einfach davonsprintet und dich stehen lässt wie ein Bauzaun. Aber keine Sorge: Mit den richtigen Übungen kannst du deine Antrittsgeschwindigkeit und Beschleunigung steigern, sodass du nicht nur optisch schnell aussiehst, sondern es tatsächlich bist.

Hier sind sechs Trainingsübungen, die dich in Sachen Schnelligkeit auf ein neues Level bringen:

1 Reaktions-Sprints

• Ziel: Explosiven Antritt trainieren.

• Ablauf: Stelle dich mit zwei Mitspielern auf eine Startlinie. Sobald ein optisches oder akustisches Signal gegeben wird (Pfiff, Ruf, Ballwurf), sprinte mit maximaler Geschwindigkeit über 10 Meter.

• Wiederholungen: 6–8 Durchgänge mit jeweils 30 Sekunden Pause.

2 Shuttle Runs mit Richtungswechsel

• Ziel: Schnelles Umschalten und Richtungswechsel verbessern.

• Ablauf: Markiere eine Strecke mit drei Hütchen (5 m, 10 m, 15 m Abstand). Laufe zum ersten Hütchen, stoppe abrupt, sprinte zurück zur Startlinie, dann weiter zum zweiten Hütchen usw.

• Wiederholungen: 5 Durchgänge mit jeweils 45 Sekunden Pause.

3 Sprint-Pyramide

• Ziel: Längere Sprints ohne Leistungsverlust.

• Ablauf: 10 m Sprint, 20 m Sprint, 30 m Sprint – dann umgekehrt zurück.

• Wiederholungen: 3 Sätze mit jeweils 1 Minute Pause.

4 Sprint mit Ballkontrolle

• Ziel: Sprintgeschwindigkeit mit enger Ballführung kombinieren.

• Ablauf: Sprinte mit Ball am Fuß über eine markierte Strecke (ca. 20 m), achte auf kontrollierte Bewegungen.

• Wiederholungen: 4–6 Durchgänge mit jeweils 45 Sekunden Pause.

5   Widerstands-Sprints mit Zugband

• Ziel: Kraftvolle Sprintbeschleunigung fördern.

• Ablauf: Befestige ein Widerstandsband an der Hüfte oder lass einen Mitspieler dich leicht zurückhalten, während du 10–15 m sprintest.

• Wiederholungen: 5 Durchgänge mit 30 Sekunden Pause.

6   Lauftechnik-Drills   (Kniehebelauf,   Anfersen, Skippings)

• Ziel: Lauftechnik und Beinbeweglichkeit optimieren.

• Ablauf: 20 Sekunden Kniehebelauf, 20 Sekunden Anfersen, 20 Sekunden Skippings – dann Pause.

• Wiederholungen: 3 Sätze mit jeweils 1 Minute Pause.

13.2 Ausdauer – Damit du nicht schon nach 20 Minuten die Hände auf die Knie stützt

Wenn du schon nach dem zweiten Sprint keuchend auf dem Platz stehst und überlegst, ob du eigentlich wirklich so früh gealtert bist, weißt du: Deine Ausdauer braucht dringend eine Frischzellenkur. Die Wahrheit ist: In der Kreisliga bleibt oft nur derjenige bis zum Ende stark, der nicht schon nach der ersten Halbzeit auf dem Zahnfleisch kriecht. Wer mehr Luft hat, kann auch mehr laufen – und wer mehr läuft, gewinnt oft die entscheidenden Bälle.

Hier sind sechs Übungen, die deine Kondition verbessern und dich dazu bringen, nicht mehr nach Luft zu japsen wie ein Fisch auf dem Trockenen.

1 Tempoläufe mit variierender Belastung

• Ziel: Wechsel zwischen schnellen und langsamen Phasen.

• Ablauf: Laufe 200 m schnell, dann 200 m langsam – wiederhole dies für mindestens 6–8 Durchgänge.

• Pause: 1 Minute nach jedem Durchgang.

2 Intervalllauf (Joggen + Sprinten)

• Ziel: Belastungswechsel wie im Spiel simulieren.

• Ablauf: 4 Minuten moderates Joggen, 1 Minute Sprint → wiederhole den Zyklus 5-mal.

3 Dauerlauf mit Antritten

• Ziel: Grundlagenausdauer mit Sprintfähigkeit kombinieren.

• Ablauf: Laufe 30 Minuten im moderaten Tempo, setze alle 2 Minuten einen 5-sekündigen Sprint ein.

4 Treppenläufe

• Ziel: Kraftausdauer und Atemkapazität verbessern.

• Ablauf: Laufe eine Treppe mit mehreren Stufen dynamisch hoch und langsam zurück.

• Wiederholungen: 6 Sätze mit jeweils 45 Sekunden Pause.

5 Spielform "Pressing-Modus"

• Ziel: Laufintensität unter Spielbedingungen erhöhen.

• Ablauf: Teile das Spielfeld in Sektoren und übe ein intensives Pressing für je 30 Sekunden.

• Wiederholungen: 4 Durchgänge mit 2 Minuten Pause.

6 Seilspringen

• Ziel: Kondition und Beinarbeit verbessern.

• Ablauf: 5 x 45 Sekunden schnelle Sprünge, dazwischen je 30 Sekunden Pause.

13.3 Koordination – Damit du dich nicht selbst ins Stolpern bringst

Es gibt nichts frustrierenderes, als wenn man mit Tempo läuft und plötzlich über seine eigenen Füße stolpert. Koordination ist der Schlüssel, um sich agil und präzise zu bewegen. Mit ein bisschen Übung kannst du das Chaos in geordnete Bewegungen verwandeln.

Hier sind sechs Übungen, die dich zum Meister der stabilen Bewegungen machen:

1 Koordinationsleiter

• Ziel: Schnelle Fußarbeit verbessern.

• Ablauf: Laufmuster wie Sidesteps, diagonale Bewegungen oder beidbeinige Sprünge durch eine Koordinationsleiter.

2 Balljonglieren mit Bewegung

• Ziel: Kontrolle mit dem Ball unter dynamischen Bedingungen verbessern.

• Ablauf: Jongliere den Ball und bewege dich seitlich oder durch einen Slalom.

3 Seitliche Sprünge über Hütchen

• Ziel: Stabile Richtungswechsel fördern.

• Ablauf: Springe seitlich über ein kleines Hütchen und lande weich.

4 Dribbling mit Richtungswechseln

• Ziel: Dynamik in der Ballführung optimieren.

• Ablauf: Dribble mit schnellen Seitenwechseln durch ein markiertes Feld.

5 Balance-Übungen mit Einbeinstand

• Ziel: Stabilität und Körperkontrolle verbessern.

• Ablauf: Halte 30 Sekunden pro Bein, optional mit Ballbewegungen.

6 Tennisball-Werfen mit Fußkoordination

• Ziel: Gleichzeitige Bewegung mit Händen und Füßen koordinieren.

• Ablauf: Wirf dir einen Tennisball zu, während du mit den Füßen kleine Ballbewegungen machst.

13.4 Kraft – Damit du nicht bei jeder Grätsche durch die Gegend fliegst

In der Kreisliga gilt oft das Motto: „Wer steht, gewinnt". Ob im Luftzweikampf, beim Schussversuch oder beim robusten Körperkontakt – Kraft ist ein elementarer Faktor, um nicht einfach umgerannt zu werden oder sich wie ein Flummi durch die Spielfeldluft schleudern zu lassen. Natürlich geht es nicht darum, wie ein Bodybuilder über den Platz zu spazieren, sondern darum, **funktionelle Kraft** aufzubauen. Wir brauchen starke Beine für explosiven Antritt, eine stabile Körpermitte für Balance und genügend Oberkörperkraft, um uns gegen aggressive Gegenspieler behaupten zu können.

Die folgenden sechs Übungen helfen dir, ein echtes „Kreisliga-Monster" zu werden – stabil, explosiv und unerschütterlich.

1 Kniebeugen (Squats)

• Ziel: Starke Beine und explosive Sprungkraft entwickeln.

• Ablauf: Stelle die Füße schulterbreit, senke dich langsam in die Hocke und drücke dich kräftig nach oben.

• Wiederholungen: 3 Sätze à 12–15 Wiederholungen.

2 Ausfallschritte (Lunges)

• Ziel: Beinkraft für Zweikämpfe verbessern.

• Ablauf: Mache abwechselnd mit jedem Bein einen großen Schritt nach vorne und senke das hintere Knie Richtung Boden.

• Wiederholungen: 3 Sätze à 10 Wiederholungen pro Bein.

3 Liegestütze

• Ziel: Mehr Oberkörperkraft für Stabilität im Spiel.

• Ablauf: Positioniere die Hände etwas mehr als schulterbreit und senke dich langsam ab.

• Wiederholungen: 3 Sätze à 12 Wiederholungen.

4 Planks mit Armbewegung

• Ziel: Core-Stabilität für eine starke Mitte verbessern. • Ablauf: Halte den Unterarmstütz für 30 Sekunden, hebe dann abwechselnd eine Hand und tippe die gegenüberliegende Schulter.

• Wiederholungen: 3 Sätze à 45 Sekunden.

5 Bulgarian Split Squats

• Ziel: Maximale Beinkraft und Balance trainieren.

• Ablauf: Stelle einen Fuß auf eine erhöhte Fläche (Bank/Hürde) und führe einbeinig eine Kniebeuge aus.

• Wiederholungen: 3 Sätze à 8 Wiederholungen pro Bein.

6 Hüftheben (Hip Thrusts)

• Ziel: Explosive Hüftkraft für Sprint & Schusskraft.

• Ablauf: Setze dich auf den Boden, lehne die Schultern gegen eine Bank und hebe die Hüfte kraftvoll nach oben.

• Wiederholungen: 3 Sätze à 12 Wiederholungen.

13.5 Kraftausdauer – Damit du auch nach 90 Minuten noch Power hast

Du kennst das sicher: Die ersten 30 Minuten bist du ein unaufhaltbares Kraftpaket – doch ab der zweiten Halbzeit fühlt sich jeder Sprint an wie ein Kampf gegen die Erdanziehungskraft. Genau hier kommt **Kraftausdauer** ins Spiel. Es geht darum, deine Muskeln nicht nur für kurze Momente zu maximieren, sondern über die gesamte Spielzeit hinweg Leistung abrufen zu können.

Mit diesen sechs Übungen kannst du dich darauf verlassen, dass deine Muskeln auch in der Schlussphase noch mitmachen und nicht schlappmachen, wenn es wirklich wichtig wird.

1 Zirkeltraining mit Körpergewicht

• Ziel: Gesamtkörperkraft und Belastbarkeit verbessern.

• Ablauf: Kniebeugen, Liegestütze, Planks, Burpees, Mountain Climbers (jeweils 30 Sekunden Belastung).

• Wiederholungen: 3 Runden mit je 1 Minute Pause dazwischen.

2 Kniebeugen mit Sprung

• Ziel: Kraft in den Beinen mit Ausdauer kombinieren.

• Ablauf: Mache eine normale Kniebeuge, aber explodiere am Ende nach oben und lande weich.

• Wiederholungen: 3 Sätze à 10 Wiederholungen.

3 Treppenläufe mit Kniehub

• Ziel: Beinmuskulatur stärken und Schnelligkeit beibehalten.

• Ablauf: Laufe eine Treppe dynamisch hoch, ziehe dabei aktiv die Knie an.

• Wiederholungen: 6 Sätze mit jeweils 30 Sekunden Pause.

4 Medicine Ball Slams

• Ziel: Explosive Ganzkörperkraft und Belastbarkeit.

• Ablauf: Nimm einen Medizinball, hebe ihn über den Kopf und schleudere ihn mit voller Kraft auf den Boden.

• Wiederholungen: 3 Sätze à 10 Slams.

5 Schlittenziehen oder Widerstandssprints

• Ziel: Maximale Belastung der Beinmuskulatur.

• Ablauf: Ziehe ein Gewicht (Schlitten oder Widerstandsband) über eine kurze Strecke.

• Wiederholungen: 4 Sätze à 15 m.

6 Hampelmänner & Mountain Climbers im Wechsel

• Ziel: Cardio & Kraftausdauer kombinieren.

• Ablauf: 30 Sekunden Hampelmänner, 30 Sekunden Mountain Climbers → wiederholen für 4 Minuten.

In der Kreisliga wird Mobilität oft unterschätzt – bis der Moment kommt, an dem jemand einen ungeschickten Schritt macht und plötzlich feststellt, dass der Bewegungsradius seiner Hüften etwa dem eines alten Türscharniers entspricht. Wer beweglich ist, kann Verletzungen vermeiden, seine Technik verbessern und gleichzeitig dafür sorgen, dass der Körper nicht nach ein paar Jahren komplett steif wird.

Diese sechs Übungen machen dich geschmeidiger und sorgen dafür, dass du auch in dynamischen Bewegungen deine volle Flexibilität ausschöpfen kannst.

1 Hüftmobilisierung mit Kreisen

• Ziel: Beweglichkeit der Hüfte verbessern.

• Ablauf: Kreise das Bein in der Hüfte nach außen und innen, langsam und kontrolliert.

• Wiederholungen: 15 pro Seite.

2 Tiefe Ausfallschritte mit Rotation

• Ziel: Hüfte und Rumpf gleichzeitig mobilisieren.

• Ablauf: Gehe in einen tiefen Ausfallschritt und rotiere den Oberkörper zur offenen Seite.

• Wiederholungen: 12 pro Seite.

3 Schulter- und Rückenstreckung

• Ziel: Brustwirbelsäule und Schultern lockern.

• Ablauf: Stelle dich aufrecht hin, verschränke die Hände hinter dem Rücken und ziehe sie leicht nach oben.

• Wiederholungen: 3 x 20 Sekunden halten.

4 Seitliche Beinheben

• Ziel: Stabilität in Hüften und Beinen fördern.

• Ablauf: Hebe ein Bein seitlich an, während du stabil stehst.

• Wiederholungen: 10 pro Seite.

5 Mobilitäts-Flow

• Ziel: Ganzkörperbeweglichkeit erhöhen.

• Ablauf: Wechsle zwischen tiefer Hocke, Ausfallschritten und Schulterrotationen.

• Wiederholungen: 5 Minuten fließende Bewegungen.

6 Faszienrollen für Hüften und Beine

• Ziel: Verklebungen lösen und Beweglichkeit verbessern.

• Ablauf: Rolle gezielt deine Muskeln aus (Beine, Rücken, Hüften).

• Dauer: 5 Minuten nach dem Training.

13.7 Dehnen – Damit du nach dem Spiel nicht steif wie eine Parkbank bist

Du kennst es: Das Spiel ist vorbei, du sitzt in der Kabine, und plötzlich fühlst du dich, als hättest du gerade einen Marathon auf Beton gelaufen. Deine Beine sind schwer, die Rückenmuskeln schreien nach Erholung, und beim ersten Versuch, dich zu strecken, fühlt es sich an, als würde sich dein Körper gegen dich verschwören. Willkommen in der Welt der **Nicht-Dehner** – jener Spieler, die das Dehnen gern mal auslassen und sich dann wundern, warum sie am nächsten Morgen aufstehen, als wären sie 30 Jahre älter.

Dehnen ist das unsichtbare Heilmittel gegen all diese Probleme. Es verbessert deine **Flexibilität**, reduziert das **Verletzungsrisiko** und sorgt dafür, dass deine Muskeln sich nach intensiven Belastungen schneller regenerieren. Und nein, du musst nicht wie ein Yoga-Guru aussehen, um die Vorteile zu nutzen – ein paar simple, aber effektive Dehnübungen reichen schon aus, um deine Beweglichkeit zu erhalten und lästige Verspannungen zu vermeiden.

Hier sind sechs Übungen, die dich geschmeidig halten und dafür sorgen, dass du nicht wie eine eingerostete Schraube aus dem Spiel kommst:

1 Beinrückseite (Hamstring Stretch)

• Ziel: Verkürzte Beinrückseiten wieder geschmeidig machen.

• Ablauf: Stelle einen Fuß auf eine Erhöhung (z. B. eine Bank), strecke dein Bein aus und beuge dich langsam nach vorne, bis du eine Dehnung spürst.

• Halte 30 Sekunden, wechsle dann die Seite.

2 Quadrizeps-Stretch

• Ziel: Die Oberschenkelmuskulatur nach dem Spiel entlasten.

• Ablauf: Greife mit einer Hand dein Fußgelenk und ziehe es Richtung Gesäß – halte die Knie dabei eng zusammen.

• Halte 30 Sekunden pro Bein.

3 Hüftbeuger-Dehnung

• Ziel: Hüfte und Oberschenkel lockern.

• Ablauf: Gehe in einen tiefen Ausfallschritt, das hintere Bein bleibt gestreckt, das vordere Knie ist leicht gebeugt. • Halte 30 Sekunden, dann Bein wechseln.

4 Schulter- und Brustdehnung

• Ziel: Oberkörper öffnen und Verspannungen lösen.

• Ablauf: Stelle dich aufrecht hin, verschränke die Hände hinter dem Rücken und ziehe sie leicht nach oben.

• Halte 30 Sekunden.

5 Seitliche Dehnung der Rumpfmuskulatur •

Ziel: Rücken und Flanken entspannen.

• Ablauf: Stehe aufrecht, greife ein Handgelenk und ziehe es langsam zur Seite.

• Halte 30 Sekunden pro Seite.

6 Faszienrollen für Beine und Rücken

• Ziel: Muskelverspannungen lösen und Verklebungen in der Faszie bearbeiten.

• Ablauf: Rolle langsam über die Oberschenkel, Waden und den unteren Rücken – besonders auf empfindliche Punkte achten.

• Dauer: 5 Minuten nach dem Training.

13.8 Fazit – Dein athletisches Gesamtkonzept

Mit diesem Kapitel hast du eine komplette Anleitung für ein Kreisliga-taugliches Athletiktraining: **Schnelligkeit, Ausdauer, Koordination, Kraft, Kraftausdauer, Mobilität und Dehnen**. Egal, ob du dich für explosiven Antritt, langanhaltende Kondition oder geschmeidige Bewegungen entscheidest – mit diesen Übungen wirst du deine Leistung auf dem Platz sichtbar verbessern.

Merke dir: **Der beste Spieler ist der, der am Ende noch Luft hat und gleichzeitig beweglich bleibt**. Also nutze diese Übungen, um **robust, schnell, stark und flexibel zu bleiben** – denn nichts ist peinlicher, als beim nächsten Spiel wegen Bewegungsmangel nur Zuschauer zu sein!

Viel Erfolg!

Die ultimative Kreisliga-Krieger-Fitnessstrategie

Ein echtes Kreisliga-Spiel hat seinen eigenen Rhythmus: In den ersten Minuten stürzt du dich voller Energie auf den Ball, doch irgendwann, mitten im Spiel, merkst du – die Beine fühlen sich an wie angeklebte Betonklötze und dein Atem bricht fast zusammen. Deshalb ist es essenziell, dass du dich über den gesamten Saisonverlauf hinweg nicht nur technisch und taktisch, sondern auch athletisch top vorbereitest. Die Zeit zwischen dem 1. Juli und Mitte August, die sechswöchige Vorbereitungsphase, legt das Fundament. Hier baust du systematisch Schnelligkeit, Kraft, Ausdauer, Koordination und Mobilität auf – sodass du nicht nur auf dem Platz bestechst, sondern auch noch am Ende der gesamten Vorrunde mit frischem Elan in die Kabine kommst. Und damit du am Freundschaftsspiel nicht den Eindruck erweckst, als hättest du deine Kräfte schon im Aufwärmen verplempert – es ist wichtig, dass du jede Woche drei Trainingseinheiten und ein Freundschaftsspiel planst, um den richtigen Mix aus Belastung und Erholung zu finden.

Phase 1 – Vorbereitung (Juli bis Mitte August)

Woche 1–2: Grundlagen schaffen – Den Motor sanft anwerfen

In den ersten beiden Wochen der Vorbereitung geht es vor allem darum, den Körper wieder an regelmäßige Trainingseinheiten zu gewöhnen. Ganz ohne Acrylfarben malst du hier das Fundament deiner Fitness. Die Idee ist, den Kreisliga-Motor langsam auf Touren zu bringen, so wie ein alter Ford, der erst mit ein paar warmen Start-Versuchen richtig in Fahrt kommt. Ziel ist es, dass du deine Grundlagenausdauer verbesserst, die Mobilität erhöhst und erste Kräfte in die richtige Richtung entwickelst – ohne dich dabei gleich zu überanstrengen. So wird verhindert, dass du in den Folgewoche mit schmerzenden Muskeln dastehst und deine Mannschaft vermeintlich schon nach einem Intervalllauf den höchsten Punkt erreichst.

Empfohlene Übungen in Woche 1–2:

1. **Dauerlauf (30–40 Minuten):** Bei diesem lockeren Lauf geht es darum, dein Herz-Kreislauf-System wieder in Gang zu bringen. Du löst die Blockade zwischen Couchpotato und ernsthaftem Läufer, indem du in einem moderaten Tempo läufst und so den Grundstein für eine stabile Ausdauer legst.

2. **Treppenläufe:** Beim Treppenlauf steigert sich die Belastung in den Beinen. Du trainierst deine Schnellkraft und Kraftausdauer, indem du Treppen rasant hochläufst und dabei auch deine Gelenke mobilisierst – ein echter Klassiker, der immer für einen Lacher in der Mannschaft sorgt, wenn jemand brabbelnd davonzieht.

3. **Intervallläufe (4 Minuten Joggen, 1 Minute Sprint):** Diese Übung bringt Variation in dein Training. Du wechselst zwischen moderatem Tempo und kurzen, intensiven Sprints und simulierst so das variable Belastungsmuster eines Spiels – ideal, um den Körper langsam auf hohe Intensität vorzubereiten.

4. **Grundlegender Kraftzirkel (Squats, Liegestütze, Planks, Bergsteiger):** Mit diesem Zirkel schärfst du deine funktionelle Kraftausdauer. Dabei wird jede Übung in einem lockeren Rhythmus durchgeführt, sodass sich gleichzeitig deine Muskulatur stärkt und dein Herz-Kreislauf-System stimuliert wird – und du am Ende der Einheit nicht total erschöpft bist.

5. **Mobilitätsdrills für Hüften und Knie:** Diese Übungen sorgen dafür, dass deine Gelenke nach der letzten Saison wieder geschmeidig werden. Mit dynamischen Bewegungen bereitest du dich auf intensivere Belastungen vor und vermeidest Verletzungen, was besonders in der Kreisliga, wo improvisiert oft alles passieren kann, von unschätzbarem Wert ist.

6. **Technik-Drills mit Ballführung und Passfolgen:** Hier kombinierst du Athletik mit Fußballtechnik. Du übst einfache Pässe und bewegst dich dabei in einem lockeren Tempo

– ideal, um das Zusammenspiel von Ballkontrolle und Kondition zu trainieren.

Woche 3–4: Intensität steigern – Dampfhammer-Modus: Jetzt brennt's wirklich

Nachdem du in den ersten Wochen dein Fundament gelegt hast, ist es jetzt an der Zeit, richtig Gas zu geben. In diesen Wochen geht es darum, die Intensität zu erhöhen und den Körper zu fordern, damit er sich an höhere Belastungen gewöhnt. Die Übungen werden härter, die Pausen kürzer und der Sprit – sprich: die Energie – fließt in Strömen. Hier sollst du die explosive Kraft in deinen Beinen und die Schnelligkeit in deinen Antritten weiterentwickeln. Es ist wie das Hochfahren eines alten Motors, der nun endlich richtig auf Touren kommt: Du spürst, wie du schneller wirst, die Reaktionsfähigkeit sich verbessert und du in den Sprints förmlich abhebst. Doch Vorsicht, hier muss Disziplin walten, damit du nicht gleich im ersten Sprint die Erschöpfung spürst!

Empfohlene Übungen in Woche 3–4:

1. **Sprintintervalle mit Widerstandsband:** Bei dieser Übung ziehst du gegen einen leichten Widerstand an – sei es durch ein Band oder einen Partner. Du trainierst, wie du deine Beine explosiv aus dem Stand heraus anschiebst, was deine Startgeschwindigkeit beachtlich erhöht.

2. **Jump Squats (Sprungkniebeugen):** Diese Übung kombiniert die Kraft eines normalen Squats mit einem explosiven Absprung. Du stärkst deine Beinmuskulatur und verbesserst gleichzeitig die Sprungkraft, was dir beim Absetzen im Zweikampf und bei schnellen Richtungswechseln hilft.

3. **Medizinball-Werfen:** Hier hebst du einen Medizinball über den Kopf und schleuderst ihn kraftvoll nach vorne. Diese Übung trainiert deine Rumpf- und Armmuskulatur, was nicht nur zur Schussstärke beiträgt, sondern auch deine allgemeine Explosivität im Zweikampf steigert.

4. **Dribbel-Sprints:** Kombiniere Sprints mit Ballkontrolle, indem du mit dem Ball am Fuß dribbelst und in kurzen Sprints in ein markiertes Feld sprintest. So verbesserst du nicht nur deine Geschwindigkeit, sondern auch deine Fähigkeit, den Ball in intensiven Spielsituationen unter Kontrolle zu halten.

5. **Intensives Pressing-Training:** In diesem Drill wird das aggressive und schnelle Umschalten trainiert. Du startest mit einem intensiven Sprint, wechselst dann sofort in eine Defensivposition und führst schnelle Richtungswechsel aus – perfekt, um den schnellen Pressing-Stil im Spiel zu entwickeln.

6. **Kleine Spielformen (z. B. 4 vs. 4):** Diese Spielformen mit engem Raum simulieren echte Spielsituationen. Sie zwingen dich, in hohen Geschwindigkeiten zu agieren, schnelle Entscheidungen zu treffen und dabei deine konditionelle Basis auszubauen.

Woche 5–6: Wettkampfmodus – Endspurt in den letzten Vorbereitungswochen

In den letzten beiden Wochen der Vorbereitung herrscht der Wettkampfmodus. Jetzt heißt es: Bringt alles, aber mit Kopf! Die Intensität erreicht ihren Höhepunkt und du sollst dein Kaliber in Trainingsspielen und Freundschaftsspielen unter Beweis stellen. Das Ziel ist es, deine maximale Schnelligkeit, Kraft und Matchfitness zu kombinieren, damit du ausgeruht und explosiv in deinen ersten Ligaspieltag startest. Gleichzeitig wird die Erholungsphase zunehmend wichtiger, um deine Muskeln vor Überlappungsschäden zu schützen und Verletzungen vorzubeugen. Es wird also nicht nur hart trainiert, sondern auch clever regeneriert – schließlich willst du ja nicht als "der, der immer nach Luft schnauft" in die erste Halbzeit starten!

Empfohlene Übungen in Woche 5–6:

1. **Kurz-Sprints mit Richtungswechsel:** Hier absolvierst du schnelle Sprints über kurze Distanzen, immer verbunden mit abrupten Richtungswechseln. Du trainierst so deine Antrittsschnelligkeit und schärfst gleichzeitig deine Fähigkeit, in jeder Szene des Spiels schnell und effektiv zu reagieren.

2. **Kraftübungen mit Fokus auf Schulter- und Core-Stabilität:** Übungen wie Hüftheben, explosive Liegestütze und stabile Planks helfen, alle wichtigen Muskelgruppen gezielt zu stärken. Sie sorgen dafür, dass du in Zweikämpfen und bei schnellen Antritten nicht ins Wanken gerätst.

3. **Hochintensive Spielformen (Kleinspielfelder):** Diese Spielformen simulieren den echten Spielpress, indem sie wenig Raum und häufige Ballwechsel vorsehen. So bereitest du dich physisch und mental auf das hohe Tempo in der Liga vor.

4. **Mikro-Sprints direkt nach Ballverlust:** Nach einem abrupten Ballverlust startest du sofort in einen kurzen, explosiven Sprint. Diese Übung schult deine Reaktionsschnelligkeit und Luftnachhaltefähigkeit in kritischen Spielsituationen.

5. **Cool-Down-Einheiten mit aktivem Mobility-Training:** Nach intensiven Einheiten folgen gezielte Abkühlphasen, in denen durch Mobility-Drills und leichtes Stretching die Regeneration unterstützt wird. Du sorgst damit für eine optimale Balance zwischen Belastung und Erholung.

6. **Faszienrollen und Dehnungsübungen:** Abschließend solltest du deine Muskeln intensiv mit Faszienrolling und statischem Dehnen bearbeiten, sodass Verspannungen gelöst werden und du entspannt in das Freundschaftsspiel und den Ligastart gehst.

Sobald die Vorrunde beginnt und jeden Sonntag ein Spiel auf dem Kalender steht, verwandelt sich dein Training in eine Herausforderung der Ausgewogenheit. Mit nur noch zwei Trainingseinheiten pro Woche musst du dafür sorgen, dass dein Körper so fit bleibt, dass du jede der 16-18 Partien bis Ende November überstehst. Dein Fokus liegt jetzt darauf, die in der Vorbereitung erarbeitete Form zu erhalten. Es heißt also: **Schärfe deine Schnelligkeit, halte deine Kraftausdauer hoch und integriere regelmäßiges Mobility- und Dehntraining, um Verletzungen vorzubeugen.**

Der Trick besteht darin, die Intensität so zu dosieren, dass du nicht im Training ausbrennst – jeder Kampftag in der Vorrunde zählt. Deine Trainingseinheiten sollten hochintensiv sein, aber mit ausreichend Erholungsphasen, damit du in jedem Spiel wieder frisch starten kannst. Es wird darauf geachtet, dass Übungen wie Sprintdrills und koordinative Spiele in kurzen Einheiten durchgeführt werden, um eine maximale Wirksamkeit zu erreichen, ohne die Muskulatur übermäßig zu belasten. Trainiere clever, um den kreisliga-typischen Hustle aufrechtzuerhalten – und sei dabei immer bereit, nach jedem Spiel die Erholungsstrategien wie Mobility- und Faszientraining in den Vordergrund zu rücken, damit du nicht mit steifen Gelenken zur nächsten Partie läufst.

Empfohlene Übungen während der Vorrunde:

1. **Kurze, intensive Sprintdrills:** Diese Übungen werden in maximaler Intensität für kurze Intervalle durchgeführt, um deine Schnelligkeit zu erhalten. Der Fokus liegt auf explosiven Starts – mit ausreichenden Erholungsphasen zwischen den Sprints, damit deine Beine nicht müde werden.

2. **Widerstandsübungen für stabilen Zweikampf:** Kleine Intensitätsintervalle, wie etwa Kurzhantel- oder Körpergewichtsübungen, in denen du die wichtigsten Muskelgruppen stärkst. So bleibst du körperlich robust, auch wenn du direkt aus einem Spiel wieder aufs Spielfeld zurückkehrst.

3. **Kombinierte Ausdauer- und Technik-Spielformen:** Kleine Spielformen, die in einem hohen Tempo gespielt werden, um den Wechsel zwischen intensiven Belastungen und kurzen Ruhephasen zu simulieren. So trainierst du gleichzeitig deine Ausdauer und deine Spielintelligenz – ideal, um immer gefasst zu bleiben.

4. **Mobilität und Dehnen als integraler Bestandteil:** Zwei Trainingseinheiten pro Woche müssen unbedingt kurze, intensive Sessions für Mobility- und Dehnübungen beinhalten. Diese helfen, die Regeneration zu optimieren und deine Flexibilität zu bewahren – so bleibst du beweglich und verletzungsfrei.

5. **Kurze Kick- und Richtungswechsel-Drills:** Diese Drills simulieren schnelle, dynamische Bewegungen, die während eines Spiels abgefragt werden. Der Schwerpunkt liegt dabei auf schnellen Antritten und abrupten Richtungswechseln, sodass du auch in der Vorrunde Core- und Beinleistung abrufen kannst.

6. **Regenerationseinheiten mit moderatem Ausdauertraining:** Zum Beispiel lockeres Auslaufen kombiniert mit Stretching – genau das, was du nach einem harten Spiel brauchst, um die kreative Energie und Leistungsfähigkeit zu erhalten. Diese Einheit ist der Schlüssel, um kontinuierlich leistungsfähig zu bleiben.

14.1 Fazit – Deine optimale Saisonplanung

Die Vorbereitung ist das Fundament, das dich in die Vorrunde trägt – und in dieser Phase darfst du nie vergessen, dass ein richtig trainierter Fußballer bis zur letzten Minute alles gibt. Die sechs Wochen Vorbereitung bauen systematisch deine Schnelligkeit, Kraft, Ausdauer und Mobilität auf, sodass du in den Freundschaftsspielen Erfolge feierst und in den intensiven Ligatagen überleben kannst. Während der Vorrunde geht es darum, diese Fitness zu *halten*, ohne dich selbst zu überdehnen. Wenn du klug dosierst, regenerierst und deine Trainingseinheiten mit gezielter Intensität auswählst, wirst du nicht nur die Spiele gewinnen, sondern auch als Spieler den echten Kreisliga-Charme verkörpern – robust, humorvoll und immer mit einem wachen Auge auf den Ball!

Also, zieh deine abgewetzten Fußballschuhe an, schnür sie fest und lass uns beweisen, dass aus Leidenschaft und klugem Training echte Kreisliga-Krieger entstehen – bereit, jede Herausforderung zu meistern und bis zum Schluss fit und stark auf dem Platz zu stehen!

14.2 Die fußballfreie Zeit – Erholung, aktive Regeneration und leise Vorbereitung

Stell dir vor, es ist Dezember, die Tannenbäume sind geschmückt, der Glühwein fließt in die richtigen Bahnen und irgendwie ist auf dem Fußballplatz erstmal Pause angesagt. Die Vorrunde ist vorbei. Für viele Spieler ist diese Zeit verlockend, um endgültig in den Winterschlaf zu verfallen – doch gerade im Kreisliga-Alltag weißt du: Kein echter Kämpfer lässt sich von der Ruhe täuschen! Diese Phase ist die perfekte Gelegenheit, um deinem Körper eine verdiente Erholung zu gönnen und gleichzeitig die wichtigsten Grundfertigkeiten zu erhalten. Dabei gilt: Ruhe ist Gold, aber ein bisschen Bewegung schadet nie – schließlich willst du Ende Januar nicht wieder bei Null starten, sondern mit einer ordentlichen Portion Fitness zurück auf den Platz stürmen.

Der Schlüssel liegt darin: Während deiner fußballfreien Zeit kannst du gezielt ein Programm der aktiven Regeneration verfolgen, das dir hilft, die Grundlagenausdauer, Mobilität und leichte Kraft zu erhalten – alles ohne die intensiven Belastungen des Saisonbetriebs. Denn auch wenn du in dieser Phase vielleicht kein volles Fußballtraining absolvierst, ist es wichtig, dass dein Körper in Bewegung bleibt, der Kreisliga-Spirit lebendig bleibt und deine Muskeln nicht ganz verhärten. Ein paar leichte Trainingseinheiten, eventuell in der Halle, bei einem lockeren Hallenturnier oder alternativ im Freien – das sorgt dafür, dass du am Ende der Pause nicht plötzlich in der Vorrunde quasi wieder bei Null anfängst.

Was rät der Athletiktrainer? Dein Trainer wird dir empfehlen, Bewegung als integralen Bestandteil des Alltags zu behalten, ohne dabei den Körper unnötig zu belasten. Es geht um ein feines Gleichgewicht zwischen Erholung und einem leichten, regelmäßigen Training. Sei es durch lockere Ausdauerläufe, ein paar gezielte Mobilitäts- und Dehnübungen oder auch spontane, kleine Kraftzirkel-Einheiten – all das hilft dir, das Erlernte aus den intensiven Trainingsphasen nicht zu verlieren. Auch wenn du Zeit mit Familie und Festivitäten verbringst, sollten mindestens zwei bis drei Trainingseinheiten pro Woche eingeplant werden, um die Athletik zu stabilisieren, ohne zu übertreiben. Denk daran: Du möchtest zwar den Stress und die Belastung der intensiven Vorbereitungsphase hinter dir lassen, aber zugleich nicht das Fundament deiner Fitness beschädigen.

14.3 Empfohlene Trainingsübungen für die fußballfreie Zeit

Hier sind sechs effektive und kreisliga-taugliche Übungen, die dir helfen, in dieser Phase aktiv zu bleiben:

1 Leichte Dauerläufe oder Jogging-Einheiten (30–40 Minuten): Diese Einheiten sollten in einem moderaten Tempo absolviert werden, um die Grundlagenausdauer zu halten. Sie sind weniger intensiv als das Intervalltraining, aber sie sorgen dafür, dass dein Herz-Kreislauf-System nicht aus den Fugen gerät und du dich weiterhin bewegst –

auch wenn der Gegner heute nur dein innerer Schweinehund ist.

2   Aktive Mobilitäts- und Dehnübungen: Führe täglich oder mindestens 3-mal pro Woche dynamische Dehnübungen und Gelenkmobilitätsdrills durch – zum Beispiel Hüftkreisen, Schulter- und Rumpfrotationen oder Ausfallschritte mit Twist. Diese Übungen helfen dir, Verspannungen zu vermeiden und sorgen dafür, dass deine Flexibilität nicht wie ein eingerostetes Scharnier wird.

3   Leichtes Zirkeltraining mit Körpergewicht: Ein moderater Zirkel aus Übungen wie Kniebeugen, Liegestützen, Planks und Bergsteigern (Mountain Climbers) hält deine funktionelle Kraft stabil. Hierbei solltest du jede Übung 30–45 Sekunden durchführen und zwischen den Runden 1–2 Minuten Pause einlegen. Diese Einheiten fordern dich, ohne deinen Körper zu überlasten – so bleibt der Muskelgehalt auf dem Niveau, das du dir für die Saison wünschst.

4   Koordinations- und Agility-Drills in der Halle: Auch wenn das Platzwetter im Winter ungemütlich sein kann, bieten Hallen oder Indoor-Plätze eine großartige Gelegenheit, an deiner Fußarbeit und Koordination zu feilen. Agility-Leiter, seitliche Sprungübungen oder einfache Dribbling-Drills ohne

Ball, ähnlich wie im Sommertraining, schärfen deine Beweglichkeit und sorgen dafür, dass du nicht plötzlich wie ein unbeholfener Rentner über das Spielfeld trampelst.

5 **Moderates Kraftausdauertraining:** Du kannst leichte Gewichte oder dein eigenes Körpergewicht nutzen, um Übungen wie Ausfallschritte, seitliche Kniebeugen oder sogar Varianten von Planks zu absolvieren – so hältst du die Muskulatur fit, ohne in ein zu intensives Krafttraining abzudriften. Ziel ist es, Bewegungen zu wiederholen, die dir in der Saisonordnung helfen, aber ohne die nötige Erholung deiner Muskeln zu beeinträchtigen.

6 **Ein lockeres Hallenturnier oder Fußballspiel in der Halle:** Falls die Gelegenheit besteht, solltest du die fußballfreie Zeit auch nutzen, um an einem Hallenturnier teilzunehmen oder ein kleines Freundschaftsspiel zu organisieren. Das hält nicht nur den Spaß am Spiel lebendig, sondern sorgt auch dafür, dass du spielerisch Elemente wie Sprinten, Richtungswechsel und taktisches Denken beibehältst – und das mit der unverwechselbaren Folge von Lachen und kleinen Missgeschicken, die den Kreisliga-Charme ausmachen.

14.4. Zusammenfassung der Empfehlungen in der fußballfreien Phase

In dieser Phase geht es vor allem um **aktive Erholung** und **den Erhalt der Grundfitness**. Du nimmst dir die Zeit, dich vom intensiven Saisonbetrieb zu erholen, sorgst jedoch dafür, dass du niemals komplett stillstehst. Dies erlaubt dir, am Ende der Pause, wenn die Vorbereitung für die Rückrunde beginnt, mit einem soliden Fundament zu starten. Dein Körper wird so vorbereitet sein, dass du die hohen Anforderungen der neuen Spiele wieder problemlos meistern kannst – und dabei immer noch den typischen, humorvollen Kreisliga-Spirit ausstrahlst.

Also, während die Weihnachtszeit lockt und die Neujahrsfeierlichkeiten beginnen, vergiss nicht: Ein echter Kreisliga-Spieler gönnt sich zwar Ruhe, aber hält ihn aktiv in Bewegung – sei es mit lockeren Joggingrunden, dynamischen Dehnübungen oder einem humorvollen Hallenturnier. So startest du Ende Januar prall gefüllt und bereit, die Rückrunde mit vollem Einsatz anzugehen – ohne bei Null anzufangen, sondern mit dem Vorteil, dass dein Körper schon in Bestform ist.

Mit diesen Empfehlungen und Übungen bist du bestens gerüstet, um auch in der fußballfreien Zeit weiterhin aktiv zu bleiben. Gönne dir die wohlverdiente Erholung, aber bleibe in Bewegung – denn so kommst du nicht nur in Fahrt, sondern sorgst auch dafür, dass du der Kreisliga-Krieger bleibst, der du immer gewesen bist! Viel Spaß beim Training – und genieße die festliche Zeit ebenso wie dein leichtes, aber effektives Fitnessprogramm!

Phase 3: Vorbereitung auf die Rückrunde (Februar bis Mitte März)

Der Weckruf aus dem Winterschlaf – Nur wer sich richtig aufwärmt, überlebt den Frost! Nach den kalten, fußballfreien Monaten ist es jetzt an der Zeit, den Körper wieder an den Wettkampfmodus zu gewöhnen. Ab Februar, wenn frostige Temperaturen und oft schlammige, unebene Plätze deinen Trainingsalltag prägen, wirst du feststellen, dass der Winter dir seine eigenen Herausforderungen stellt – sei es der kalte Wind, der dir den Atem gefrieren lässt, oder der harte, manchmal rissige Platz, der sich wie ein unberechenbarer Gegner verhält. Diese Bedingungen erfordern einen besonders sorgfältigen

Aufbau deiner athletischen Qualitäten. Jetzt musst du nicht nur an Schnelligkeit, Kraft, Ausdauer, Koordination und Mobilität arbeiten, sondern auch darauf achten, dass dein Körper durch gründliches Warm-up und gezieltes Mobility-Training optimal auf die Kälte vorbereitet wird. Denn niemand möchte mitten im Spiel plötzlich steif wie Beton werden aufgrund frostiger Temperaturen oder auf rutschigem Untergrund ins Straucheln geraten.

In dieser Phase gilt es, dreimal pro Woche intensiv zu trainieren – immer mit dem Ziel, in realistischen, winterlichen Bedingungen den fußballspezifischen Wettkampfmodus wiederherzustellen. Die Intensität steigt, aber du musst darauf achten, dass du ein ausgewogenes Verhältnis zwischen harter Belastung und ausreichender Erholung findest – denn gerade im Winter kann die Erholung langsamer vonstattengehen, wenn die Muskeln zusätzlich durch Kälte verspannen. Hier kommen nicht nur explosiver Sprint, intensive Fußarbeit und kraftvolle Zweikämpfe ins Spiel, sondern auch Übungen, die dir helfen, auf unebenen, oft gefrorenen und matschigen Plätzen wendig zu bleiben.

14.5 Empfohlene Athletikübungen für Phase 3 (mit winterlichen Bedingungen):

1 Fußballspezifische Sprintdrills mit Ball

Beschreibung: Diese Übung kombiniert maximale, kurze Sprints (20–30 m) mit intensiver Ballführung. Dabei dribbelst du den Ball bei kalten Temperaturen, wodurch du lernst, auch auf rutschigen, unebenen Plätzen deine Technik zu halten. Der Drill sorgt dafür, dass du unter realen winterlichen Bedingungen blitzschnell reagierst und den Ball sicher führst, selbst wenn der Platz dir manchmal einen Streich spielt.

2 Intensive Intervallläufe mit kurzen Pausen

Beschreibung: Absolviere Intervalle, bei denen du 30 Sekunden lang mit maximaler Geschwindigkeit läufst – trotz frostiger Luft – gefolgt von 30 Sekunden aktiver Erholung. Diese Methode stärkt deinen anaeroben Stoffwechsel und trainiert deinen Körper, auch bei kaltem Wetter immer wieder Sprints abzugeben. Damit gewöhnst du dich an den ständigen Wechsel zwischen hoher Belastung und kurzen Erholungsphasen, wie es auch in der Rückrunde gefordert wird.

3 Explosive Kraftübungen für Bein- und Rumpfbereich

Beschreibung: Übungen wie Box Jumps, Jump Squats und Bulgarian Split Squats fördern die Explosivität und erhöhen deine Zweikampfkraft. In dieser Phase machst du sie unter winterlichen Bedingungen, wobei der harte, teils gefrorene Untergrund zusätzliche Stabilität verlangt. Diese Übungen stärken deine Muskelkraft so, dass du auf unebenem Platz und bei sinkenden Temperaturen stets standfest bleibst.

4 Koordinations- und Agility-Drills auf engen und winterlich präparierten Plätzen

Beschreibung: Mithilfe von Agility-Leitern, Hütchen oder speziell markierten Zonen führst du schnelle Seitwärtsbewegungen und Richtungswechsel durch. Diese Übungen verbessern dein Reaktionsvermögen, sodass du auch auf matschigen oder gefrorenen Plätzen jederzeit stabil und präzise agieren kannst. Der Drill simuliert echte Spielsituationen, in denen der Platz oft glatt oder unvorhersehbar ist.

5 Kombinierte Spielformen (Kleinfeldspiele) unter winterlichen Bedingungen:

Beschreibung: Organisiere intensive Kleinfeldspiele (z. B. 4 vs. 4), in denen du gezielt unter realistischen Bedingungen trainierst. Das Training in der Kälte und auf teilweise schwierigen Belägen schärft deine taktischen Entscheidungen, schnelle Richtungswechsel und konditionelle Belastbarkeit – alles, was du brauchst, um im echten Spiel nicht auszurutschen, sei es körperlich oder metaphorisch.

6 Gezielte Mobility- und Regenerationseinheiten, angepasst an die Kälte:

Beschreibung: Integriere 10- bis 15-minütige Mobility-Sessions und statisches Dehnen, um den durch die Kälte zusätzlich verstärkten Muskelverspannungen entgegenzuwirken. Nutze Blackrolls, um verhärtete Faszien zu lösen und deine Flexibilität zu bewahren. So sorgst du dafür, dass du nach jedem kalten Training nicht wie eingefroren, sondern geschmeidig in das nächste Aufbautraining starten kannst.

Phase 4 während der Rückrunde (Mitte März bis Anfang Juni)

Sobald die Rückrunde beginnt, schrumpft euer Training auf zwei intensive Einheiten wöchentlich, während die Spiele die Hauptbelastung darstellen. Die winterlichen Einflüsse haben dem Körper bereits in der Vorbereitungsphase einiges abverlangt. Jetzt geht es darum, den erreichten Zustand zu halten – und das trotz schwankender Temperaturen und manchmal schwierigen Platzverhältnissen, die in der kalten Jahreszeit zum Alltag gehören. Das Ziel ist, dass du in jedem der 16-18 Spiele auf einem oft rutschigen oder teils matschigen Platz mit vollem Elan und maximaler Leistungsfähigkeit ausgestattet bist.

Wichtige Aspekte in der Rückrunde:

- **Erhaltung der Schnelligkeit:** Selbst in der Kälte müssen deine Beine blitzschnell und reaktionsfreudig bleiben. Kurze Sprintdrills und explosive Antritte stellen sicher, dass du auch auf rutschigen Untergründen immer eine starke Performance ablieferst.
- **Erhalt der Kraft und Ausdauer:** Funktionale Kraftübungen im Zirkeltraining helfen dir, deine Muskelstärke zu bewahren – ohne dich zu überlasten. Leichte, aber effektive

Übungen wie Planks oder Squats halten deine Muskulatur stabil und widerstandsfähig, auch wenn der Platz manchmal mehr Stolperstein als Spielfeld ist.

- **Mobilität und Dehnung:** Regelmäßige Mobility-Sessions und gezielte Dehnübungen profitieren nicht nur deiner Flexibilität, sondern verhindern auch, dass deine Muskeln unter der Kälte steif werden. Diese Einheiten sind essenziell, um Verletzungen vorzubeugen und deinen Bewegungsradius zu erhalten.
- **Gezielte Regeneration:** Durch aktives Auslaufen, Blackrolls und regelmäßiges Stretching sorgst du dafür, dass du nach jedem Spiel und Training die nächste Chill- und Erholungstage hast – ganz ohne den klassischen "Nach-Spiel-Schmerz", der dir sonst den Rückzug in die Kabine zu früh aufzwingen könnte.

14.6. Fazit – Mit Schweiß, Köpfchen und Kälte in die Rückrunde

Die Phase von Februar bis Mitte März ist der entscheidende Meilenstein, in dem du dich auf die Rückrunde vorbereitest – und das unter den harten Bedingungen des Winters. Mit intensivem, fußballspezifischem Training, das Sprintdrills, Intervallläufe, explosive Kraftübungen, präzise Agility-Drills, kleine Spielformen und gezielte Mobility- und Regenerationseinheiten kombiniert, stellst du sicher, dass dein Körper auch nach frostigen, unvorhersehbaren Platzverhältnissen weiterhin Leistung bringt. Trotz sinkender Temperaturen und schwieriger Bedingungen wirst du fit, explosiv und beweglich in die Rückrunde starten – bereit, jeden Spielmoment zu erobern und vielleicht sogar Meisterschaft und Aufstieg zu feiern. Schnür deine Schuhe, trotze der Kälte und mach dich bereit, als wahrer Kreisliga-Kämpfer bis zum letzten Pfiff alles zu geben!

Phase 5: Extra Time – Den Endspurt in der Relegation meistern

Der Endkampf – wenn jeder Pfiff zählt und euch die Sonne gnadenlos ins Gesicht brennt: Stell dir vor, die reguläre Saison ist vorbei, du hast um jeden Punkt gekämpft und nun entscheidet sich in nur zwei Wochen alles über Aufstieg oder Abstieg. Unter heißem Himmel, wenn der Asphalt förmlich glüht und der Schweiß unaufhörlich fließt, gilt es, noch 2 bis 4 zusätzliche Spiele abzuspielen. Die Trainingszeit schrumpft auf zwei kurze Einheiten pro Woche, und die Erholungsphasen sind ein kostbares Gut – fast so knappe Ressourcen wie euer Trinkwasser in Zeiten extremer Hitze. In dieser Phase liegt der Fokus darauf, die bereits erreichte Fitness zu erhalten und zugleich dafür zu sorgen, dass ihr frisch, explosiv und taktisch bereit seid. Dabei müsst ihr als Trainer und Athletiktrainer den Spagat zwischen intensiver Belastung und vor allem cleverer, hitzebedingter Regeneration meistern.

14.7 Herausforderungen in der Extra Time:

Hitzestress und Dehydration: Die hohen Temperaturen erhöhen das Risiko von Dehydration und Erschöpfung.

Verkürzte Regeneration: Zwischen den Spielen bleibt oft nur minimal Zeit, sodass ein effektives Cool-Down und gezielte Rehydrierung unabdingbar sind.

Mentaler Druck: Ob bei der Aufstiegsrelegation oder in der Abstiegsrelegation – der Druck es geht um alles, und der heiße Tag macht's nicht leichter.

14.8 Strategie in der Extra Time – Mit Köpfchen, Sonne und Kreisliga-Herz

Reduktion der Trainingsbelastung (Tapering): In dieser Phase geht es weniger darum, neue Reserven zu schaffen, sondern vor allem darum, das Erreichte zu erhalten. Die Trainingsintensität wird bewusst runtergefahren, sodass die Spieler trotz heißer Bedingungen frisch und ausgeruht in jedes zusätzliche Spiel starten können. Es werden kurze, explosive Sprint- und Agility-Drills eingesetzt, die den Körper aktivieren, ohne ihn unnötig zu ermüden.

Intensives Regenerationsmanagement: Gerade unter der sengenden Sonne ist eine konsequente Rehydrierung essenziell. Unmittelbar nach jedem Spiel und intensiven Training sollte es ein Cool-Down mit leichtem Auslaufen, ausgiebigem Stretching und gezielten Blackroll-Einheiten geben. Ergänzend dazu sind schnell verfügbare elektrolytreiche Getränke und Schattenpausen wichtig – damit euer Körper nicht genauso überhitzt wie der Platz.

Spielnahe, taktische Übungen: Kurze Spielformen, zum Beispiel 3-gegen-3 oder 4-gegen-4 auf einem eng bemessenen Feld, simulieren die Drucksituationen und schnellen Entscheidungsprozesse, die in der Relegation gefragt sind. Diese Übungen sorgen nicht nur für körperliche Vorbereitung, sondern stärken auch den Teamgeist und schweißen die Mannschaft noch enger zusammen – ein unschätzbarer Vorteil in dieser kritischen Phase.

Mentale Vorbereitung und Motivation: Der mentale Druck ist in diesen letzten Spielen enorm – hier helfen regelmäßige Teamsitzungen, in denen ihr euch gegenseitig motiviert, Ziele visualisiert und auch mal über die Hitze gemeinsam lacht. Motivierende Talkrunden in der Kabine, in denen ihr euch daran erinnert, dass ein echter Kreisliga-Kämpfer auch in sengender Sonne niemals schlappmacht, können Wunder wirken.

14.9 Empfohlene Extra-Time-Athletikübungen

Hier sind sechs gezielte Übungen, die euch in dieser intensiven Phase unterstützen:

1 Kurze, explosive Sprintdrills

Beschreibung: Führe 4–6 Sprints über 20 Meter durch, bei denen der Fokus auf einem explosiven Start und einem schnellen Richtungswechsel liegt, gefolgt von mindestens 45 Sekunden aktiver Erholung. Diese Drills stellen sicher, dass eure Antrittsschnelligkeit erhalten bleibt, selbst unter der Last der Hitze und engen Pausen. Sie helfen euch, auch nach wiederholten Belastungen bei sengenden Bedingungen flink und reaktionsschnell zu bleiben.

2 Körpergewichtszirkel für Schnelligkeit und Stabilität

Beschreibung: Ein Zirkel aus Planks, Squats, Ausfallschritten und variantenreichen Liegestützen wird mit 30 Sekunden Belastung und 15 Sekunden Pause absolviert. Diese Übungen aktivieren eure Kern- und Beinmuskulatur, ohne sie zu überfrachten, und bleiben in die engen Zeitfenster der Extra Time integrierbar. So bleibt ihr stabil und explosiv, auch wenn die Hitze euch mal ordentlich ins Schwitzen bringt.

3 Agility-Drills mit Hütchen

Beschreibung: Errichte einen kurzen Agility-Parcours mit 5–6 Hütchen, um schnelle Seitenbewegungen und Richtungswechsel zu trainieren, ideal auch auf heißen, teilweise rutschigen Plätzen. Führe drei Durchgänge á 20 Sekunden intensiver Arbeit durch, wobei ihr darauf achten solltet, trotz hoher Temperaturen eure Balance zu halten. Diese Drills schulen eure Reaktionsfähigkeit und Beweglichkeit für schnelle Spielsituationen.

4 Kurze Intervallläufe

Beschreibung: Absolviert 6 Intervalle à 30 Sekunden Sprint, gefolgt von 30 Sekunden lockerem Auslaufen, um eure anaerobe Leistungsfähigkeit zu erhalten. Diese Übung simuliert den schnellen Wechsel zwischen intensiver Belastung und kurzen Erholungsphasen, der in der Relegation so entscheidend ist, selbst wenn die Sonne unbarmherzig scheint. So lernt ihr, auch nach kräftigen Sprints wieder in den Rhythmus zu finden.

5 Dynamische Dehn- und Mobilitätsroutinen

Beschreibung: Zwischen intensiven Einheiten setzt ihr 10 Minuten gezielte Mobility-Übungen ein – etwa dynamisches Bein- und Hüftdehnen, um die Flexibilität zu sichern. Diese Routine hilft, hitzebedingte Muskelverspannungen zu lösen und den Bewegungsradius zu erhalten, sodass ihr in die nächsten Spiele frisch starten könnt. Zusätzlich sorgt die Blackroll dafür, dass eure Faszien geschmeidig bleiben trotz hoher Belastung.

6 Team-Regenerationseinheit

Beschreibung: Beendet jede Trainingseinheit mit einer gemeinsamen 10–15-minütigen Regenerationsphase, bestehend aus lockerem Auslaufen, statischem Dehnen und der Blackroll. Diese kollektive Einheit stärkt nicht nur euren Teamgeist, sondern sorgt auch dafür, dass jeder Spieler individuell von der Erholung profitiert – essenziell, um in der Hitze fit zu bleiben und den nächsten Anpfiff zu überstehen.

14.10 Fazit – Mit Köpfchen, Sonne und eine unerschütterlichen Kreisliga-Herz in die Extra Time

Die Extra Time markiert den kritischen Endspurt, in dem ihr unter sengender Hitze und knappen Regenerationsphasen 2 bis 4 zusätzliche Spiele in zwei Wochen bestreiten müsst. Als Trainer und Athletiktrainer liegt es an euch, den Spagat zwischen intensiver Belastung und kluger Erholung zu meistern. Mit kürzeren, explosiven Übungen, gezielten Regenerationsmaßnahmen und spielnahen Trainingsformen bereitet ihr eure Mannschaft optimal auf diesen Endkampf vor. Nutzt jede Möglichkeit, um euren Körper frisch zu halten – trinkt ausreichend, gönnt euch kurze Pausen im Schatten und behaltet stets den unverwechselbaren Kreisliga-Charme bei. So startet ihr nicht nur mit voller Kraft in die extra Spiele, sondern könnt vielleicht auch die Aufstiegsrelegation gewinnen oder in einer harten Abstiegsrelegation erstaunlich punkten – und am Ende der Saison mit einem breiten Grinsen und dem Gefühl, alles gegeben zu haben, in die nächste Saison starten!

In diesem Glossar findest du die zentralen Fachbegriffe, die in diesem Buch über den Kreisliga-Fußball behandelt werden. Es soll dir helfen, die oft komplexen Themen rund um Technik, Taktik, Fitness und Teamgeist besser zu verstehen und in deinen eigenen Kreisliga-Alltag zu integrieren.

Kreisliga *Definition:* Der Amateurfußball auf lokaler Ebene, der vor allem durch seinen rauen Charme, authentische Geschichten und den unermüdlichen Zusammenhalt geprägt ist. Hier spielt nicht nur der Sieg eine Rolle, sondern vor allem die Leidenschaft, der Spaß und die Gemeinschaft.

Technik *Definition:* Die Gesamtheit fußballspezifischer Fertigkeiten – von der Ballkontrolle über Dribbling, Passspiel, Schießen und Ballan- und -mitnahme. Sie bildet das Fundament für individuelles Können und beeinflusst entscheidend, wie du in Spielsituationen agierst.

Taktik *Definition:* Die strategische Planung, die im Spiel angewendet wird, um die eigenen Stärken optimal zu nutzen und die Schwächen des Gegners auszunutzen. Dazu gehören Prinzipien wie Raumaufteilung, Pressing, Umschaltspiel sowie die

Balance zwischen offensiven und defensiven Aktionen.

Regeneration *Definition:* Der Prozess der körperlichen und mentalen Erholung nach intensiven Trainings- oder Spielphasen. Er umfasst Maßnahmen wie Cool-Down, dynamisches und statisches Dehnen, Faszienrollen, Kaltwasseranwendungen und ausreichenden Schlaf – alles essenziell, um Verletzungen vorzubeugen und langfristig leistungsfähig zu bleiben.

Teamgeist *Definition:* Das kollektive Miteinander und der Zusammenhalt innerhalb einer Mannschaft, der durch gemeinsame Erlebnisse, gegenseitige Unterstützung und Humor gestärkt wird. Ein starker Teamgeist sorgt dafür, dass fehlerhafte Momente zu Lernerfahrungen und Rückschläge zu Ansporn werden.

Trainingseinheit *Definition:* Eine strukturierte, geplante Phase im Trainingsalltag, in der an bestimmten Aspekten wie Technik, Kondition oder Taktik gearbeitet wird. Sie umfasst oft Aufwärm- und Cool-Down-Phasen sowie den Hauptteil, der die spezifischen Zielsetzungen verfolgt.

Dribbling *Definition:* Die Fähigkeit, den Ball eng am Fuß zu führen und dabei spielerisch an Gegenspielern vorbeizukommen – oft mit schnellen

Richtungswechseln und Finten. Ein gelungenes Dribbling ist oft der Schlüssel, um in engen Situationen Raum zu gewinnen.

Passspiel *Definition:* Das präzise, zeitgerechte Zuspielen des Balls, das den Spielaufbau und Angriff einleitet. Gute Passkombinationen schaffen Räume, lösen Defensivstrukturen auf und bringen das Team zusammen.

Elfmeter *Definition:* Ein Strafstoß, der aus 11 Metern Entfernung vom Tor ausgeführt wird. Er kann spielverändernd sein und gehört zu den kritischen Momenten, die oft in humorvolle oder denkwürdige Anekdoten münden.

Kabinenansprache *Definition:* Motivierende, oft auch humorvolle Reden des Trainers oder Kapitäns vor oder während des Spiels, die das Team zusammenschweißen, den Geist stärken und die Spieler auf die anstehende Aufgabe fokussieren.

Kondition/Ausdauer *Definition:* Die körperliche Fähigkeit, über einen langen Zeitraum hinweg auf hohem Niveau zu spielen. Eine gute Ausdauer ist wichtig, um den physischen Belastungen eines Spiels standzuhalten und kontinuierlich Leistung zu erbringen.

Schnellkraft *Definition:* Die Fähigkeit, in kürzester Zeit maximale Kraft zu entfalten. Schnellkraft entscheidet über explosive Aktionen wie Sprints, Richtungswechsel und Antritte, die häufig den Unterschied in kritischen Spielsituationen ausmachen.

Verletzungsprävention *Definition:* Maßnahmen und Trainingsmethoden, die darauf abzielen, Verletzungen zu vermeiden. Dazu gehören ein intensives Aufwärmen, gezielte Dehnübungen, stabile Muskel- und Gelenktrainings sowie Regenerationsmaßnahmen nach dem Spiel.

Ernährung *Definition:* Die Zufuhr von Nährstoffen, die deinen Körper mit Energie versorgt und die Regeneration unterstützt. Eine ausgewogene Ernährung umfasst Proteine, Kohlenhydrate, Vitamine, Mineralstoffe und eine ausreichende Flüssigkeitszufuhr.

Mentale Stärke *Definition:* Die Fähigkeit, auch in stressigen und entscheidenden Momenten fokussiert und gelassen zu bleiben. Mentale Stärke beinhaltet Selbstvertrauen, Disziplin, die Fähigkeit, Rückschläge zu verarbeiten, und einen klaren Kopf, um die richtigen Entscheidungen zu treffen.

Motivation *Definition:* Der innere Antrieb, der dich dazu bewegt, dein Bestes zu geben – auch wenn der

Weg steinig ist. Angetrieben von Leidenschaft, Ehrgeiz und dem Wunsch, persönlich sowie im Team zu wachsen, hält dich die Motivation immer auf Kurs.

Pressing *Definition:* Eine taktische Strategie, bei der die angreifende Mannschaft den Gegner unmittelbar nach Ballverlust unter Druck setzt, um den Ball schnell zurückzuerobern. Effektives Pressing kann das Spieltempo entscheidend beeinflussen.

Umschaltspiel *Definition:* Der schnelle Wechsel zwischen defensiven und offensiven Aktionen, der es dem Team ermöglicht, nach einem Ballgewinn sofort in den Angriff zu starten und dynamisch auf Spielsituationen zu reagieren.

Raumaufteilung *Definition:* Die gewollte Aufteilung des Spielfelds in unterschiedliche Zonen, in denen Spieler bestimmte Aufgaben haben. Eine clevere Raumaufteilung schließt Passwege und schafft Räume für Angriffe.

Faszienrollen *Definition:* Eine Methode der Selbstmassage, bei der mithilfe von Schaumstoffrollen Verklebungen und Verspannungen in den Faszien gelöst werden. Diese Technik unterstützt die Regeneration und beugt Verletzungen vor.

Abseitsfalle *Definition:* Eine taktische Methode, bei der die Verteidigungslinie sich bewusst nach vorne bewegt, um den gegnerischen Angreifer ins Abseits zu stellen. Klappt sie perfekt, ist sie ein Meisterstück – geht sie schief, wird sie zur Lachnummer auf dem Platz.

Alibipass *Definition:* Ein Pass, der zwar sicher und sauber ausgeführt wird, aber dem Spiel keinen wirklichen Mehrwert bietet. Typisch für Spieler, die sich vor Risiko scheuen und lieber quer spielen, als nach vorne Tempo zu machen.

Blinder Pass *Definition:* Ein Pass ins Nirgendwo, bei dem man darauf hofft, dass irgendwer aus dem eigenen Team zufällig dort steht. Meist begleitet von einem frustrierten Trainer, der ruft: „Wohin zur Hölle spielst du denn?"

Bratpfannen-Ballannahme *Definition:* Eine unsaubere Ballannahme, bei der der Ball weit vom Fuß springt, fast so, als hätte man ihn mit einer Bratpfanne statt mit dem Fuß gestoppt. Garantiert ein Grund für Sticheleien innerhalb der Mannschaft.

Flatterball *Definition:* Ein Schuss, der sich unberechenbar in der Luft bewegt und dem Torwart das Leben zur Hölle macht. Wird oft unfreiwillig erzeugt, wenn der Ball nicht richtig getroffen wird.

Gurkenspiel *Definition:* Ein Spiel, das geprägt ist von Fehlpässen, planlosen Aktionen und einer generellen Unordnung. Wenn man nach dem Schlusspfiff hört: „Heute haben wir ein echtes Gurkenspiel abgeliefert", weiß man, dass es nicht der Glanzauftritt des Jahres war.

Hoch-und-Weit-Taktik *Definition:* Wenn das Spielkonzept des Teams sich auf das simple Prinzip „Hoch und weit bringt Sicherheit" beschränkt, sprich: Ball nach vorne dreschen und hoffen, dass sich irgendwer darum kümmert.

Kabinenbier *Definition:* Das wohlverdiente Getränk nach dem Spiel, unabhängig vom Ergebnis. Oft mit philosophischen Analysen darüber verbunden, warum „der Schiri uns heute verpfiffen hat" oder „die verdammten Platzverhältnisse das ganze Spiel kaputt gemacht haben".

Kampftrinker-Fußball *Definition:* Wenn die körperliche Präsenz auf dem Platz das Wichtigste ist und technische Feinheiten eher zweitrangig behandelt werden. Spricht für robuste, aber weniger filigrane Spielweisen.

Kartoffelacker *Definition:* Ein Spielfeld, das mehr Unebenheiten als ein Feld voller Kartoffeln hat. Hier ist jeder Pass eine Wundertüte – niemand weiß, ob er ankommt oder plötzlich zehn Zentimeter hochspringt.

Kreisliga-Klassiker *Definition:* Eine typische Situation, die so nur im Amateurfußball vorkommen kann. Beispielsweise ein 4:4 nach einer wilden Schlussphase, in der niemand mehr wusste, wer eigentlich führt.

Luftloch *Definition:* Ein verzweifelter Versuch, den Ball zu treffen – nur, um stattdessen komplett danebenzuschlagen. Ein Moment, der garantiert für Gelächter sorgt und in der Kabine noch lange diskutiert wird.

Monstergrätsche *Definition:* Eine besonders spektakuläre, manchmal völlig übertriebene Grätsche, die entweder den Ball erobert oder den Gegner bis zur Werbebande befördert.

Pannen-Keeper *Definition:* Ein Torwart, der an diesem Tag einfach kein Glück hat und entweder mit unglücklichen Aktionen oder spektakulären Fehlschlägen auffällt.

Pommes-Rot-Weiß-Fußball *Definition:* Ein Spiel, bei dem es weniger um Technik als um puren Einsatz geht – danach folgt natürlich direkt der verdiente Snack an der Vereinsbude.

Richtungswechsel für Anfänger *Definition:* Wenn ein Spieler versucht, die Richtung mit dem Ball zu ändern, aber stattdessen entweder ins Stolpern gerät oder gleich komplett aus dem Spielfeld läuft.

Schienbeinschoner-Sammler *Definition:* Ein Spieler, dessen Hauptaufgabe es zu sein scheint, sich in jeden Zweikampf zu werfen und möglichst viele gegnerische Schienbeinschoner zu „sammeln".

Sonntagsschuss *Definition:* Ein unhaltbarer, genialer Schuss, der aus 30 Metern genau in den Winkel fliegt – aber leider nur einmal im Jahr gelingt.

Tornetztester *Definition:* Jemand, der das Tor zwar trifft, aber nicht die gewünschte Ecke – stattdessen jagt er jeden Ball direkt ins Fangnetz hinter dem Tor.

Trikot aus der Hose-Fußball *Definition:* Eine besonders lässige Spielweise, bei der es weniger um Taktik als um Improvisation geht – oft begleitet von einem Trikot, das eher wie ein Überwurf aussieht als eine ordentliche Sportkleidung.

Verpönte Hacken-Tricks *Definition:* Wenn jemand sich dazu entscheidet, das Spiel mit spektakulären Hackenpässen und Übersteigern zu bereichern – nur, um dann direkt den Ball an den Gegner zu verlieren.

Wunderheilung nach Abpfiff *Definition:* Ein Spieler, der während des Spiels mehrfach dramatisch zu Boden geht und so tut, als wäre alles vorbei – nur um nach dem Schlusspfiff plötzlich wieder fit zu sein und als Erster in die Kabine zu laufen, um am Bier zu sein.

Plattfußpass *Definition:* Ein Pass, der so flach und ohne jegliche Effet gespielt wird, dass der Ball scheinbar förmlich auf dem Boden klebt – und niemand so recht versteht, ob er nun ankommen soll oder sich selbstständig weiterscrollt.

Hühnerbein-Hacke *Definition:* Eine Hakenbewegung, bei der die Beine mehr wackeln als dynamisch in Szene gesetzt werden – als hätte der Spieler versucht, wie ein Huhn in der Luft zu flattern. Ideal, um Gegner in verwunderte Panik zu versetzen – oder sie schlicht in schallendes Gelächter auszubrechen.

Matsch-Ballett *Definition:* Der beeindruckende (wenn auch unfreiwillige) Tanz, den Spieler auf einem matschigen Spielfeld aufführen, wenn kaum ein Fuß guten Halt findet. Jeder Schritt wird zur Choreografie, und jeder unvorhersehbare Sprung erzählt eine Geschichte – oftmals verbunden mit schiefen Pässen und absurden Tackles.

Zerplatzer-Effekt *Definition:* Der Moment, in dem eine zuvor vielversprechende Aktion abrupt ins Stocken gerät – vergleichbar mit einem Ballon, der plötzlich zerplatzt. Oft ausgelöst durch unvorhersehbare Platzverhältnisse, liefert dieser Effekt Material, über das in der Kabine noch lange herzhaft gelacht wird.

Wackel-Fuß-Kicker *Definition:* Ein Spieler, der in entscheidenden Momenten sein Gleichgewicht verliert – sei es bei einem heiklen Dribbling oder einem kritischen Zweikampf. Sein „wackeliger Auftritt" wird zum Running Gag und motiviert das Team, mit einem Augenzwinkern gemeinsam weiterzumachen.

Verkehrsampel-Pass *Definition:* Ein Pass, der sich anfühlt, als würde er selbst zur Ampel – erst grün, dann gelb, dann plötzlich rot. Dieser Pass bleibt abrupt stehen, bevor er wieder in Bewegung kommt – und sorgt so für unerwartete Unterbrechungen im Spielrhythmus, mit denen sich die Gegner (und Mitspieler) mal wieder fragen, ob sie im falschen Film sind.

Fliegender Wackelpudding *Definition:* Ein Schuss, bei dem der Ball unberechenbar durch die Luft segelt – ähnlich wie ein Wackelpudding, der vom Esstisch fällt. Ein Moment, der sowohl den Torhüter als auch das Publikum in absolute Ungewissheit taucht und stets für humorvolle Schlagzeilen in der Nachberichterstattung sorgt.

Halbzeit-Hypnose *Definition:* Die mysteriöse Phase in der Kabine, in der Spieler – durch Erschöpfung oder den Effekt eines spektakulären Spiels – in einen tranceartigen Zustand verfallen. In dieser Zeit wird schon so mancher Strategiebesprechung ein Schläfchen vorgezogen, was später mit einem breiten Grinsen als „Halbzeit-Hypnose" bezeichnet wird.

Klebeband-Tackle *Definition:* Beim Versuch, den Gegner mit einem Tackle zu stoppen, wirkt es manchmal so, als wollte der Spieler den Gegner mit Klebeband fixieren. Ein Dehnungsversuch, der scheitert, aber garantiert für unbeschwerte Lacher und freundschaftliches Geplänkel in der Rückschau sorgt.

Schokoladen-Kicks *Definition:* Ein charmant beschriebener Torschuss, der so unpräzise und unkoordiniert wirkt, dass man meinen könnte, der Spieler treffe eher zufällig auf die "süße" Seite des Tores – wie eine ungeschnittene Tafel Schokolade, von der man am Ende mehr über den Geschmack lacht als über das Ergebnis.

Diese Begriffe liefern dir Einblick in die authentische Sprache und den humorvollen Alltag der Kreisliga. Sie verdeutlichen, dass nicht nur das Können, sondern vor allem auch die Laune und der unverwechselbare Charme des Amateurfußballs im Mittelpunkt stehen – und dass über all die Pannen und kuriosen Momente gemeinsam herzhaft gelacht wird. Viel Spaß beim Lesen – und möge dein nächstes Kabinenbier nach einem echten Klassiker-Sieg besonders gut schmecken.

DANKSAGUNG

Bevor sich die Seiten dieses Buches schließen, möchte ich ein paar Worte des Dankes an all jene richten, die diesen Weg mit mir gegangen sind – und ihn mit Lachen, Schweiß und einer gehörigen Portion Kreisliga-Spirit bereichert haben.

Zunächst gilt mein Dank den unermüdlichen Trainern, die mir mit Leidenschaft, scharfzüngigen Sprüchen und manch einer legendären Kabinenansprache immer wieder den Rücken gestärkt haben. Ihr habt uns gezeigt, dass auch aus verpatzten Elfmetern und wackeligen Zweikämpfen etwas Großartiges entstehen kann – nämlich der unerschütterliche Wille, niemals aufzugeben, egal wie verrückt der Tag auch verlaufen mag.

Ein riesiges Dankeschön geht an meine Teamkollegen, die mir in zahllosen Trainingseinheiten und Matchs zur Seite standen. Mit euch habe ich nicht nur den Ball getreten, sondern auch das Leben gefeiert – sei es bei den fröhlichen Abenden im Vereinsheim, wenn über Pannen und chaotische Spielzüge gelacht wurde, oder an den Tagen, an denen jeder schlecht gespielte Pass ins Nirgendwo zu einer Anekdote wurde, über die noch Jahre später herzhaft gelacht wird.

Mein Dank spricht auch an all die treuen Fans und Unterstützer, die stets mit lautstarkem Jubel, spöttischen Kommentaren und unendlicher Loyalität dabei waren – ihr habt den Platz mit Leben gefüllt und dem Amateurfußball seinen unverwechselbaren Charme verliehen. Ohne eure Begeisterung und euren Humor, der selbst in den regnerischsten Spielen für Aufheiterung sorgt, wäre der Kreisliga-Alltag nur halb so schön.

Nicht zuletzt möchte ich mich bei meiner Familie und meinen Freunden bedanken, die unzählige Male Verständnis dafür aufbrachten, dass ich mich nachts nach einem harten Spiel manchmal noch in hitzige Diskussionen verlor. Eure Geduld, euer offenes Ohr und eure stets aufmunternden Worte waren und sind der unsichtbare Rückhalt, der mich tagtäglich antreibt.

Dieses Buch ist also nicht nur ein Werk über Technik, Taktik und den unbezwingbaren Geist des Amateurfußballs – es ist ein Zeugnis des Miteinanders, des Zusammenhalts und der Freude, die wir alle gemeinsam erleben, wenn wir auf den staubigen Plätzen zusammentreffen. Ein besonderer Dank an jeden Einzelnen, der diesen Weg mit mir gegangen ist. Ihr habt diesen Traum mit Leben gefüllt und dafür gesorgt, dass aus jeder Niederlage eine

Geschichte und aus jedem Sieg ein unvergesslicher Moment wird.

Vielen Dank, dass ihr dabei wart und diesen Weg mit mir gemeinsam gegangen seid. Auf viele weitere verrückte, humorvolle und unvergessliche Kapitel – sowohl auf dem Platz als auch im Herzen!

Dein Athletik Coach Pascal

ANHANG

Pascal Schucker – Fußballer, Athletiktrainer,
Ausdauersportler und Speaker

Pascal Schucker ist ein leidenschaftlicher Fußballer, zertifizierter Athletiktrainer und erfahrener Ausdauersportler, der seine Begeisterung für Sport auf und neben dem Platz lebt. Seit einige Jahren setzt er sich intensiv mit den Themen **Kraft, Schnelligkeit, Beweglichkeit und Ausdauer** auseinander und bringt seine Erkenntnisse nicht nur als Sportler, sondern auch als Trainer gezielt an andere weiter.

Als Fußballer kennt Pascal die Herausforderungen des Spiels – sei es die konditionelle Belastung über 90 Minuten oder die mentale Stärke, die im Wettkampf entscheidend ist. Mit seinem Hintergrund als Athletiktrainer hilft er Spielern dabei, ihre **Schnelligkeit, Kraft und Regeneration zu optimieren**, um auch in der Kreisliga bis zur letzten Minute Vollgas geben zu können. Seine Expertise kombiniert er mit praxisnahen Methoden, die im Amateurfußball funktionieren – ohne unnötigen Schnickschnack, aber mit maximalem Effekt.

Doch nicht nur auf dem Fußballplatz ist Pascal aktiv: Als **Triathlet, Marathonläufer und Ultradistanzläufer** hat er über 50 Triathlons, mehrere Ultraläufe und Langdistanzrennen bestritten. Diese Erfahrungen fließen direkt in sein Training und seine Vorträge ein, in denen er Menschen inspiriert, ihre persönlichen Grenzen zu verschieben. Sein Motto **"IF YOU CAN DREAM IT – YOU CAN DO IT"** steht für seine Überzeugung, dass jeder mit der richtigen Disziplin, Leidenschaft und Willenskraft Großes erreichen kann.

Neben seinem sportlichen Engagement ist Pascal als Speaker aktiv und motiviert sein Publikum mit **authentischen Impulsvorträgen über mentale Stärke, Selbstmotivation und die perfekte Verbindung zwischen Sport, Beruf und Familie**. Sein Vortrag **„Mit aller Leidenschaft"** zeigt eindrucksvoll, wie sich sportlicher Ehrgeiz mit einem erfüllten Alltag kombinieren lässt – sei es als Kreisliga-Kicker, ambitionierter Ausdauersportler oder jemand, der einfach seine beste körperliche Form erreichen möchte.

Mehr über seine Arbeit als Speaker findest du auf seiner

Website: www.pascal-schucker.de

Weiteren Kontakt auf Instagram unter

https://www.instagram.com/athletiktrainer_kreisliga

https://www.instagram.com/pascal_schucker